历史的丰碑丛书

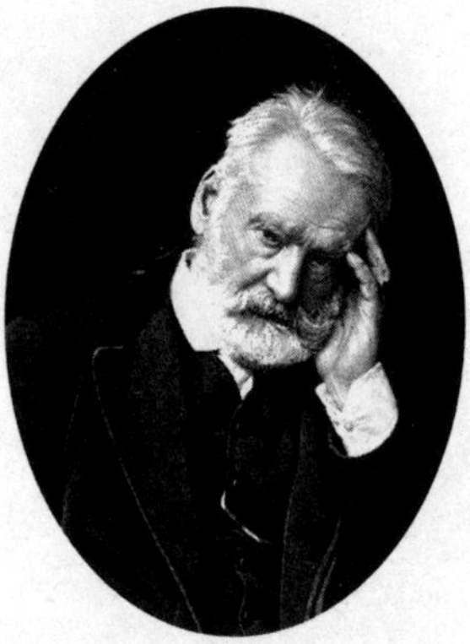

法国浪漫主义文学大师
雨 果

何茂荣 编著

文学艺术家卷

吉林人民出版社

图书在版编目(CIP)数据

法国浪漫主义文学大师——雨果 / 何茂荣编著 . -- 长春 : 吉林人民出版社, 2011.4（2021.8 重印）
（历史的丰碑丛书）
ISBN 978-7-206-07641-1

Ⅰ. ①法… Ⅱ. ①何… Ⅲ. ①雨果, V.（1802～1885）—生平事迹—青年读物②雨果, V.（1802～1885）—生平事迹—少年读物 Ⅳ. ① K835.655.6-49

中国版本图书馆 CIP 数据核字 (2011) 第 037460 号

法国浪漫主义文学大师 雨果
FAGUO LANGMAN ZHUYI WENXUE DASHI YUGUO

编　　著：何茂荣	
责任编辑：王　静	**封面设计**：孙浩瀚

制　　作：吉林人民出版社图文设计印务中心
吉林人民出版社出版 发行（长春市人民大街7548号 邮政编码:130022）
印　　刷：北京一鑫印务有限责任公司
开　　本：787mm×1092mm　1/16
印　张：8　　　字　数：72千字
标准书号：ISBN 978-7-206-07641-1
版　次:2011年4月第1版　　印　次:2021年8月第2次印刷
定　价:35.00元

如发现印装质量问题，影响阅读，请与出版社联系调换。

编者的话

"欲知大道，必先为史"。

回溯人类的足迹，人们首先看到的总是那些在其各自背景和时点上标志着社会高度和进步里程的伟大人物。他们是历史的丰碑，是后世之鉴。

黑格尔说："无疑，一个时代的杰出个人是特性，一般说来，就反映了这个时代的总的精神。"普希金说："跟随伟大人物的思想是一门引人入胜的科学。"

以史为鉴，面向未来。作为21世纪的继往开来者，我们觉得，在知史基础上具有宽广的知识结构、开阔的胸襟和敏锐的洞察力应是首要的素质要求，而在历史的大背景

◆ 历史的丰碑丛书

中追寻丰碑人物的思想、风范和足迹，应是知史的捷径。

考虑到现代人时间的宝贵，我们期盼以尽量精短的篇幅容纳尽量丰富的信息，展现尽量宏大的历史画卷和历史规律。为此，我们编撰了这套丛书。

编撰丛书的过程，也是纵览历代风云、伴随伟人心路、吸收历史营养的过程。沉心于书页，我们随处感受着各历史时期伟大人物所体现的推动历史进步的人类征服力量。我们随着伟人命运及事业的坎坷与辉煌而悲喜，为他们思想的深邃精湛、行为的大气脱俗而会意感慨、拍案叫绝。

然而，在思想开始远游和精神获得享受的同时，我们也随之感受到历史脚步的沉重

编者的话

和历史过程的曲折。社会每前进一步都是艰难的，都伴随着巨大的痛苦和付出。历史的伟大在于它最终走向进步，最终在血污中诞生了鲜活的"婴孩"。

历史有继承性和局限性，不能凭空创造。伟人也有血肉，他们的思想、行为因此注定了同样具有历史的局限性和阶级的、时代的烙印；他们的功业建立于千千万万广大人民群众伟大创造的基础上。历史是人民群众创造的，伟大的人物们是历史和时代造就的。同时，我们也无法否定此间他们个人的努力。这也正是我们编撰这套丛书的目的。

我们期盼着这套丛书得到社会的认同，对读者，特别是青少年读者之历史感、成就感和使命感的培养有所裨益。史海浩瀚，群

◆ **历史的丰碑丛书**

星璀璨。我们以对广大青少年读者负责的精神，精心遴选，以助力青少年成长进步，集结出版了《历史的丰碑》系列丛书，敬请读者批评、指正。

历史的丰碑丛书

编委会

策　划：胡维革　吴铁光
　　　　 林　巍　冯子龙
主　编：胡维革　邢万生
副主编：贾淑文　谷艳秋
编　委：（按姓氏笔画为序）
　　　　 于二辉　刘士琳
　　　　 刘文辉　孙建军
　　　　 李艳萍　吴兰萍
　　　　 杨九屺　隋　军

维克多·雨果，著名的诗人、作家，法国浪漫主义文学运动领袖，享誉世界的文学巨匠。他生活于各种思潮和运动风起云涌的19世纪，一生与文学、政治结下了不解之缘。

他将笔触伸到了社会生活的各个方面，他以笔做武器，声援、支持被压迫者的反抗和斗争，抨击不合理的社会制度，歌颂光明、正义和人的尊严，反对战争和流血，主张建立自由、平等、博爱的社会。

雨果一生为后世留下了大量的小说、诗歌、戏剧作品，其中许多被译成40多种文字，成为世界人民共同的财富，他在文艺理论、政治、绘画等方面也有着非凡的建树。他以自己的作品和同情弱者、仗义直言的人格精神赢得了人民的尊敬和爱戴。他是法国文学的光荣，也是世界文学的光荣。

目 录

动荡的青少年时代 ◎ 001

初出茅庐 ◎ 008

探索真正的艺术和人生之路 ◎ 017

捍卫人的理想和尊严 ◎ 026

在政治斗争的漩涡中 ◎ 043

磨难中挺拔起不屈的灵魂 ◎ 057

走向创作的丰收季节 ◎ 070

思考与战斗的晚年 ◎ 082

为正义和光明而歌 ◎ 095

永远的光荣 ◎ 106

历史的丰碑丛书

动荡的青少年时代

> 相信生活，它给人的教益比任何一本书都好。
> ——歌德

19世纪初的世界，正处于变革、混乱、动荡的历史时期。欧洲大陆各国旧的封建关系正在崩溃，帝王的宝座摇摇欲坠。在法国，大革命的烈火仿佛还未熄灭，但拿破仑的军事独裁统治已经暴露出它的虚伪和残酷的面目，年轻的法兰西共和国头顶上高悬的达摩克利斯剑随时都会坠下。

然而，伴着新世纪太阳出现的，并不只有阴影。战争、恐怖、欺骗之外，空想社会主义、无产阶级的学说和力量，以及许多代表着正义和真善美的思想也处于萌芽和孕育之中。一批对当时乃至后世都产生过巨大影响的人物，诸如圣西门、歌德、贝多芬、拜伦、普希金、马克思等都成长成熟于这个时代的风风雨雨之中。应该说，这是个出现了巨人、也造就了巨人的时代。

一代法国文豪维克多·雨果正属于这个巨人的世纪，他本身，就是一棵高耸的参天大树！

　　1802年2月26日，在法国东部城市贝桑松，维克多·雨果诞生于一个军人家庭。他是这个家庭的第三个儿子。父亲列奥波德·雨果曾在共和国军队中任职，现在是拿破仑军队中的一位营长。他恪守着军人的荣

←雨果塑像，位于其出生地贝桑松。

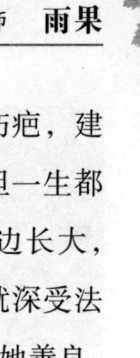

誉、效忠战旗、南征北战，身上留下了许多伤疤，建立了许多赫赫战功，后来曾被提升为将军，但一生都不得意。母亲索菲自幼父母双亡，在祖父身边长大，没有进过学校，但酷爱读书，从少女时代起就深受法国作家、哲学家、启蒙思想家伏尔泰的影响，她善良，向往自由和理性的王国，希望结束战争，废除帝制，人民安居乐业，希望有好的书籍问世，供人们欣赏、阅读、思考。她的思想和信仰对雨果的一生都有着重要的影响。

作为军人的儿子，雨果的青少年时代充满奔波迁徙的回忆。出生仅几周，襁褓中的雨果便随父母从贝桑松到了马赛，这里是父亲新的驻防地，之后，又到过位于地中海的厄尔巴岛、科西嘉岛、意大利西部等，雨果在旅行的颠簸中长到了4岁。

1806年雨果兄弟随母亲再次踏上遥远的旅途，赶赴意大利亚维利诺，同已经升为上校的父亲团聚。没多久，原本在性格、观念上隔阂就很深的父母，由于另一个女人的介入，感情裂痕日益加深。母亲带着孩子便去了巴黎。索菲母子租下了原菲扬底纳修道院的几间房子。这些房子在一条偏僻的大街上，周围的花园篱笆已经破烂，但树木却长得十分茂密。这里成了少年雨果的乐园。每天放学后，雨果便同大哥阿贝尔、

← 雨果夫人阿黛尔像

法国浪漫主义文学大师　**雨果**

二哥欧仁还有邻居家的女孩阿黛尔小姐一起到园子里玩。在这里的一所私塾中，雨果学会了读书写字，学会了拉丁语和希腊语，并与阿黛尔结下了深厚的友谊，阿黛尔后来成了他的妻子。

这期间，拉荷里将军的死给雨果留下了深刻的印象。拉荷里将军是雨果的教父，他因参与了反对拿破仑的活动而遭到通缉，于1812年10月底被处决。在逃亡期间，拉荷里将军曾在雨果家后面花园深处的一个破烂不堪的小教堂里躲了一年半的时间。他给雨果兄弟讲故事，帮他们做功课，陪他们做游戏，让他们了解了许多战争、历史等方面的知识，并把"自由第一"的思想深深地烙印在了雨果的脑海中。后来，拉荷里将军听信了警察总监的谎言，以为可以获得赦免，结果却被投进了监狱。雨果母亲竭尽全力疏通关系，营救拉荷里将

← 加冕的拿破仑

文学艺术家卷　005

> **相关链接**
> XIANGGUAN LIANJIE
>
> 拿破仑建立了自己的法兰西第一帝国,波拿巴王朝,加冕称帝。他燃起的战火波及了大半个欧洲,对民众而言,这无异于一场可怕的灾难。雨果的父亲便是拿破仑军中的一位将军,年少的雨果目睹了战争对人民的伤害,他不仅对波拿巴王朝感到失望,心内更是深深地痛恨战争,这影响了他日后的政治主张和写作主题——雨果一生创作了许多特色鲜明、贯彻了"反战、共和"思想的诗歌和剧本。

军,但最终未能成功。雨果记住了母亲的悲哀和无奈,也将争取自由的信念与理想深深地埋进了心底。

1810年10月的一天,雨果的叔叔来到巴黎,向他们报告了父亲在西班牙作战的情况。父亲虽然已升为将军,并被约瑟夫·波拿巴任命为3个省的总督,但面对西班牙人民的英勇抵抗,处境仍很困难。为了帮助丈夫摆脱困境,同时挽救濒临破裂的婚姻,索菲给孩子们购买了西班牙语自修课本,以便将来去马德里上学。

进入西班牙的国土,映入雨果眼中的,是一碧如洗的天空、大火焚烧后的田野、空荡荡的村庄和断壁残垣

的房子，以及布满仇恨的西班牙人的脸。在一个叫欧那尼的小村子休息时，雨果深深地被这里的一切震撼了。村子空无一人，门都上了锁，石头楣饰上刻着古老的徽记，似乎诉说着她的悠久和文明。20年后，雨果用"欧那尼"命名了自己的一部戏剧作品。

到达马德里后，他们住进了父亲的总督府马赛拉诺宫。宫里有许多房间，陈设华丽、金碧辉煌，管家彬彬有礼。6个星期后，他们才见到了外出办事回来的父亲。这次见面，并没有给雨果兄弟和他们的母亲索菲带来快乐。大哥阿贝尔被送进王宫，成了一名侍卫，雨果和欧仁被送进了学校。在这兵营式的、充满当地人敌意的学校里过了不到一年，雨果父母的关系终于彻底破裂。雨果和欧仁随母亲返回巴黎菲扬底纳的家中，大哥则留在了马德里的王宫。在这次旅行中，雨果目睹了战争带来的种种创伤，杀人的绞刑架，被绞杀者痛苦扭曲的表情……他一下子长大了许多。

回到巴黎后，雨果和欧仁没有进学校。除了听家庭教师的课以外，他们便是自己阅读。他们在一个叫鲁艾奥尔的图书馆里自由地汲取营养，接触了莫里哀、卢梭、伏尔泰等名家的作品，也接触到了哲学、法律、历史方面的知识。在这个宝库里，雨果兄弟"贪婪"地武装自己，充实自己，并萌生了创作的愿望。

初出茅庐

> 要做一个诗人,需要的不是表露衷肠的琐碎的愿望,不是闲散的想象的幻境,不是刻板的感情,不是无病呻吟的哀伤,他需要的是对现实问题的强烈的兴趣。
>
> ——别林斯基

1814年3月29日清晨,俄国和普鲁士的军队开始攻打巴黎,法国军队节节败退。不久,路易十八在外国武装干涉下登上了王位,建立了波旁王朝。复辟的君主国家没有给人民带来任何安宁和希望,贵族、富人依然作威作福,平民依然与贫困相伴,"理性王国"的理想与法国的现实越来越远。而这时,法国在西班牙的统治也已宣告失败。雨果的大哥跟随王室逃出马德里,他脱掉侍卫制服,回到了母亲和弟弟身边。雨果的父亲失去了总督和将军的头衔,成了提翁维尔要塞的少校司令。他虽然作战勇敢,但由于要塞缺乏食品给养,疾病流行,在德军的重重包围下,终究无力

法国浪漫主义文学大师 **雨果**

← 路易十八像

1814年，拿破仑在莱比锡战役战败，巴黎陷落，宣布退位，路易十八在英普联军护送下回到巴黎，复辟波旁王朝。

回天，不久，就退职回到巴黎。他对现实和政府都十分不满，对索菲的教子方法也不认同。他们已经正式提出离婚，正等待法院的判决。

父亲决定把雨果和欧仁送进寄宿学校，不允许母亲探望，以消除母亲对孩子的影响，希望孩子将来成为工程师或者军事专家。

寄宿学校的生活十分刻板，起床、睡觉、散步、读书都要听从口令，这使无拘无束惯了的雨果和欧仁十分苦恼，但不久也就习惯了。雨果兄弟创办了学校的业余演出剧团，他们自己编写剧本、制作道具、搭建舞台、参加演出，给沉闷死板的学校带来了一股清新活跃的风，雨果和欧仁也成了很有威信的学生"大王"。

文学艺术家卷 009

在寄宿学校里，雨果经历了拿破仑"百日王朝"的政变。由于受母亲信仰的影响，13岁的雨果认为应当毫不保留地谴责波拿巴皇帝，因为只有路易十八才给国内带来了和平，热爱自由的人都应当热爱路易十八，这就是雨果当时的逻辑。我们姑且不说这种看法的正误，但这些朦胧的思想和愤怒、困惑的感受却促成了他写诗的强烈愿望。虽然白天的时间被安排得满满的，但雨果却在夜深人静的时候，让缪斯展开了自由的翅膀，他经常伴着思索的满足甜甜入睡。他的一些想法、苦恼、喜悦得到了一位年轻教师的真诚关注，雨果兄弟与他结下了深厚的友谊。

这位教师名叫费利克斯·比斯卡拉，不到20岁，聪明、快乐、纯朴，完全不同于其他教师的呆板与严厉。1815年6月的一个早晨，比斯卡拉带着雨果和欧仁，趁校方不注意，悄悄溜出学校，沿着一眼望不到尽头的陡直的楼梯一直爬到了巴黎大学的楼顶，全城的面貌尽收眼底。有明媚的阳光闪烁，有百鸟的鸣唱和葱翠的草木映入眼底，

← 纪念雨果的邮票

法国浪漫主义文学大师　**雨果**

但耳畔却传来了震耳可怖的炮声，这是拿破仑的捍卫者和路易十八的士兵在厮杀、在流血、在倒下，他们为何而战，为何而死？他们心甘情愿还是被逼无奈？面对这样的恐怖与仇杀，太阳依然灿烂温暖，而雨果的心海却卷起了层层波澜。他把这残酷的现实，把内心的复杂感受都写进诗里。用创作抒发情感，同时，在不断地尝试思考中，他逐步掌握了作诗的规则，那一个个单纯的字、词在他的笔下仿佛有了灵性，变成了形象的意象、美丽的句子、一首首优美的诗歌……雨果巧妙地避开别人的监视，留下了一本又一本写满诗歌的笔记本，积累了丰富的创作素材和经验。

　　1817年，巴黎学士院以"在任何生活情况下，学习所给我们的幸福"为题，悬赏征集诗歌作品。得知这一消息后。雨果摩拳擦掌、跃跃欲试，渴望一显身手，与真正的诗人们较量一番。他遵循所有的诗学原则，利用历史上存在的大量具体事例，雄辩地证明：即使是在最艰苦的生活条件下，学习也会使人变

→少年时代的雨果

←巴黎学士院的会议现场

得高尚起来。在比斯卡拉老师的帮助下，雨果把诗送到了巴黎学士院的办公室。4月，评选结果揭晓。仅仅由于年龄的关系，雨果没有获得奖章，只得到了一张奖状。但他的诗却受到了评委们的充分肯定，各家报纸也纷纷报道了雨果获奖的消息。15岁的雨果一下子成了知名人物，朋友们都为他高兴，母亲更是引以为自豪。

这一年秋天，雨果升入路易大帝学校。他一边学习，一边继续诗歌创作，同时开始写小说。休假的时候，雨果和欧仁便到大哥阿贝尔那里去，参加阿贝尔和一群文学爱好者们的沙龙聚会，他们读诗、争论、交流信息。有一天晚上聚会时，有人提议搞一次小说

法国浪漫主义文学大师 **雨果**

相关链接
XIANGGUAN LIANJIE

夏多布里昂（1768－1848），法国作家、政治家、外交家，法兰西学院院士。著有小说《阿拉达》《勒内》《基督教真谛》，长篇自传《墓畔回忆录》等，是法国早期浪漫主义的代表作家。

夏多布里昂可以说是浪漫主义文学的奠基人。他对大自然的描写和对自身情感的抒发成为了一代浪漫主义作家的榜样。他首创的"情感浪潮"的写作方法成为了浪漫主义作家常用的滥觞。雨果对他的文采十分敬佩，写作风格深受其影响。

征稿比赛，题目是以一个军官的口吻谈谈自己经历过的一些趣事。雨果与朋友们打赌，仅用两个星期的时间写完一部中篇小说。两个星期后的聚会上，雨果朗读了自己的小说，他作品中美丽如画的自然景物和极为浓重的色彩感，给沙龙的参加者们留下了深刻的印象。这种语言风格在他日后的创作中逐渐成熟和老练，最终达到了炉火纯青的境界。同时，从他的一生看，雨果的创作思想和语言风格也深受夏多布里昂、伏尔泰、维吉尔、莫里哀以及司各特、斯达尔夫人的影响，尤其是夏多布里昂，他的工于词令、文采华丽的特点和才能使雨果惊叹不已，而斯达尔夫人倡导的艺术上的浪漫主义新方向正是雨果一生的追求。

1818年8月，父母离婚一案终于有了结果，儿子们被判给了母亲。于是，雨果和哥哥们便搬回了母亲在小奥古斯丁街上的住所。不久，征得母亲同意后，雨果和欧仁辍了学，以便全身心地从事文学创作活动。他们为一家名叫《文学保守者》的杂志撰稿，这份杂志是夏多布里昂创办的政治性刊物《保守者》的副刊。由大哥阿贝尔和文学界、印刷界的朋友们共同创办、出版，是一份双周刊。雨果以他的勤奋和多方面的才华很快成了杂志的主要编辑和撰稿人。他用不同的笔名、不同的行文风格，在杂志上发表了大量的评论文章、讽刺作品和诗作。这些评论文章不仅包括文艺作品，而且包括历史著作。在这一时期，年轻的雨果就敏锐地感受到了法国文学经

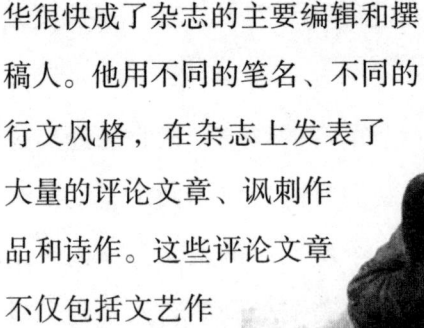

←夏多布里昂像

法国浪漫主义文学大师　**雨果**

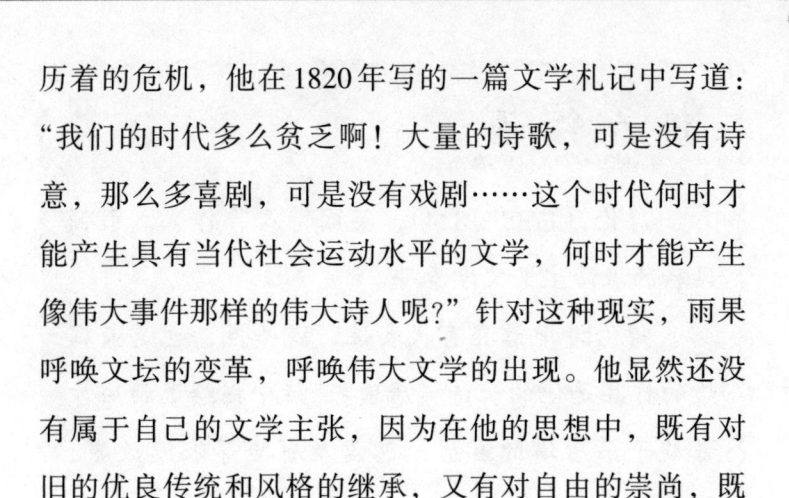

历着的危机,他在1820年写的一篇文学札记中写道:"我们的时代多么贫乏啊!大量的诗歌,可是没有诗意,那么多喜剧,可是没有戏剧……这个时代何时才能产生具有当代社会运动水平的文学,何时才能产生像伟大事件那样的伟大诗人呢?"针对这种现实,雨果呼唤文坛的变革,呼唤伟大文学的出现。他显然还没有属于自己的文学主张,因为在他的思想中,既有对旧的优良传统和风格的继承,又有对自由的崇尚,既喜欢夏多布里昂,又喜欢拜伦。面对19世纪前20年文学领域落后、保守的氛围、陈腐僵化的清规戒律的束缚、文学语言的晦涩难懂、戏剧舞台上的虚饰浮夸、

→ 拜伦像

> **相关链接**
> XIANGGUAN LIANJIE
>
> 拜伦（1788-1824），英国诗人、作家，引领风骚的浪漫主义文学泰斗。
>
> 拜伦诗中最具有代表性、战斗性，也是最辉煌的作品是他的长诗《唐璜》，诗中描绘了西班牙贵族子弟唐璜的游历、恋爱及冒险等浪漫故事，揭露了社会中黑暗、丑恶、虚伪的一面，奏响了为自由、幸福和解放而斗争的战歌，体现了拜伦的自由主义的进步立场。
>
> 拜伦的文风以及追求自由的思想，也深深地影响了雨果。

一味模仿，雨果颇感困惑。他的许多文章开始突破传统的规范。其中表现出来的博学多识、评价的精当、感受力的敏锐、表达能力的高超等，都与他不到20岁的年龄不相称。但也正由于这些，才使他在诸多世界级的文学大师中显得卓尔不群。

《文学保守者》仅存在了不到两年，但却成了雨果成长道路上一个重要舞台。他从这里起步，一步步走向世界。

探索真正的艺术和人生之路

> 思考是人类最大的乐趣。
> ——布莱希特
> 哪里有思想，哪里就有威力。
> ——雨果

1820年2月的一天晚上，据说可能成为储君的贝利公爵在一家剧院门口被刺死，杀人者是一位叫鲁威尔的年轻共和党人。当局很快逮捕了鲁威尔并将他处死。属于保皇派的雨果立即在《文学保守者》上综合报道了报界对事件的反应，并以极快的速度创作了颂诗《贝利公爵挽歌》，义愤填膺地指责鲁威尔，赞扬波旁王朝。这首诗后来在阿贝尔的帮助下出了小册子，并得到了许多人的肯定。夏多布里昂称雨果是"卓绝的神童"，并表示想见他。于是，雨果便怀着忐忑不安的心情，拜谒了这位仰慕已久的著名作家，并写了一首《天才》的颂诗献给夏多布里昂。

这一年，雨果还获得了另一项荣誉，这就是图卢兹学士院根据颂诗《摩西在尼罗河上》授予他的"文学竞赛的硕士"称号。然而生活并没有从此更多地垂青于这位伟大的天才。

1821年6月,雨果的母亲患肺炎去世,他丧失了精神上的一个重要支撑。《文学保守者》杂志又停办了,他没了固定的工作和收入,生活十分艰苦。感情上,阿黛尔的父亲虽然同意雨果和女儿订婚,但要求他首先经济自立,然后才能结婚。

全力以赴地进行创作,写出一部长篇杰作来,争取爱情的幸福和人生的荣誉,成了雨果的奋斗目标。那段时间里,邻居们经常看到他一面散步、一面沉思的身影。衣服破旧,鞋子、帽子都开了口,他无暇顾及,也没有能力改变,他口袋里的钱难以果腹,经常在暮色降临后,才避开邻居们买块面包匆匆赶回自己的小屋。尽管困难重重,雨果却有信心成为一个性格刚强、坚韧不拔、百折不挠的人。他把自己的理想、计划、打算都通

← 雨果夫人阿戴尔

过书信倾诉给阿黛尔。他说,"仅仅诗句不是诗","诗存在于思想中,思想来自心灵。体现思想的诗句无非是健美的身体上的漂亮的外衣"。"丧失人格的诗人比没有诗才而硬要写诗的人更可鄙、更低劣、更有罪"。这些发自肺腑的话语,体现了雨果真正的心灵世界和人生追求。他一生都在向人民靠拢,同情和支持弱者,反对暴力和流血。

1822年6月,雨果的诗集处女作《颂歌及其他》在大哥阿贝尔的帮助下出版。8月,雨果获得了路易十八国王赏赐的文学俸金,每年1 000法郎。同年10月,雨果终于带着独立的经济地位和荣誉与阿黛尔走进了结婚礼堂。

1824年秋,国王路易十八逝世,他的弟弟查理十世继承了王位,他继续嘉奖保皇派诗人,雨果因而获得了荣誉团勋章。但世事的变化,使雨果的观念也随之发生了变化,尤其是新国王一上台就颁布了两项极其反动的法律,规定亵渎皇上者处以极刑,对革命时期逃亡国外的贵族们的损失给予补偿。人民的负担十分沉重,雨果虽然对获得勋章有几分得意和满足,但他已经不是从前那个忠心耿耿的保皇派了。

1826年,雨果的《颂歌和叙事诗》出版并受到舆论界的好评。国王再次赐给了他每年2 000法郎的俸

← 青年时期的雨果

金。雨果夫妇用这笔钱租了一套房子。不久，长篇小说《冰岛莽汉》出版，评论界的态度是褒贬参半，且以批评居多。尽管这部小说装帧十分粗糙，纸张发灰，封面上没有作者的名字，但评论界的赞誉却弥补了这些缺陷，雨果卓越的才华、丰富形象的语言、渊博的学识、翔实的资料等被世人所关注。这部小说出版后，雨果结识了著名作家、记者诺地埃。诺地埃对《冰岛莽汉》给予了中肯客观的评价，并对雨果的文学才华表示了由衷的称赞，雨果还在诺地埃的文学沙龙"塞纳克尔诗社"里结识了一些朋友。每逢星期日便聚在一起争论、交谈。他们对生活和文学的观点各不相同，但却有一个共同的追求，这就是反对传统派因循守旧的文风，寻找和探索新的文学色调和形式，抨击热衷

→《冰岛莽汉》书影

《冰岛荒汉》插图

传统主义的人。

1826年10月,《颂歌和叙事诗》的新版本面世,其中收录了《献给父亲》《两岛》《旅途》以及许多洋溢着古老神话和民间传说气息的浪漫主义诗篇,共有三大本。评论界给予了肯定。

1827年春,雨果已是两个孩子的父亲了,他们家搬到了田园圣母街的一幢小房子里。门前是一条林荫道,周围是花园。这幢房子有好几间屋子,雨果一家将其中最大的一间腾出来,贴上红布,建立了自己的"红色沙龙",阿黛尔便是"红色沙龙"的女主人。在这里,他们经常接待一些诗人、作家、画家、批评家等。

雨果还像从前那样,经常独自一人漫步在巴黎街

头，观察和感受世态民情，构思作品。自从波旁王朝抛出臭名昭著的对贵族赔偿法案后，本来生活就很艰苦的平民百姓犹如雪上加霜，更加苦不堪言。这些残酷的现实使雨果曾热情颂扬过的王朝形象倒塌了。雨果一步步地告别了过去的信仰，探索真正的艺术和人生之路。体现在这一时期作品中的，是对拿破仑时代的美化和颂扬。

1827年12月，雨果发表了为剧作《克伦威尔》写的序言，在这篇著名的序言中，陈述了浪漫主义的文艺纲领，向守旧派展开了全面进攻，纵论了文学发展的历程。他反对传统的时间、地点统一律的模式，反对"直接模仿别人"，主张戏剧要接近生活现实，就应当把崇高和荒谬的对立表现出来，在对比中展示出来；主张改革文学的语言，改革旧的文学制度。他说："我们要粉碎各种理论、诗学和体系，把装饰艺术的老门面敲掉！没有什么规则，什么典范，或者说，除了制约整个艺术的普遍自然法则以及根据每个主题的要求产生的每部作品的特殊法则之外，再没有别的什么规则……""新流派一点也不破坏艺术，只想重新缔造艺术，使它更牢固，基础更深厚……"

雨果的这篇浪漫主义文学宣言在文坛上甚至社会上都激起了轩然大波。其中的观点虽然未必都准确科

相关链接
XIANGGUAN LIANJIE

5幕韵文剧《克伦威尔》于1827年底发表。雨果在其长序中提出戏剧应打破"三一律"的束缚，要表现新思想，艺术的真实应高于现实的真实，成为集中反映生活的镜子。他认为戏剧的特色在于表现有代表性的个性。他反对程式化的伪戏剧，突出强调艺术自由，反对专制政体强加给艺术的桎梏，反对艺术中的教条主义观念。他明确提出浪漫主义对比原则，即把粗俗怪诞与崇高圣洁相结合并进行对比。他还提出：新世纪里诞生新的韵文戏剧，与之相适应，新的批评学派亦应随之建立。序言的发表引起强烈反响，被公认为浪漫主义运动的重要宣言。诗人戈蒂耶写道："《〈克伦威尔序〉》在我们心目中有如'摩西十诫'。"

学，但作者的旁征博引和语言的富有激情，却征服了许多人，推动了当时和此后法国的现实主义和浪漫主义作家去探索一种符合时代要求的新的文学形式。可以说，《〈克伦威尔〉序言》成了浪漫主义文学的精华之作和新艺术的金科玉律。

剧作《克伦威尔》是雨果献给父亲的一份礼物。

然而，一个月后，这位历经世事沧桑巨变的老将军，却突然带着往昔的荣耀和对儿子的骄傲辞别了人间。去世前，他的军阶和尊号都已恢复，家迁到了巴黎，雨果也有了男爵的尊号。

在1829年1月出版的新诗集《东方集》中，作家雨果实践了自己的浪漫主义文学主张。他把当代人的用语和欧洲文艺复兴时期丰富多彩的诗歌语言结合起来，奠定了法国诗歌新文艺复兴的基础。在一首题为《妖精》的诗中，他以绘声绘色的语言，向人们展示了一幅跌宕起伏的富有韵律感的画面，描绘了大海的气息、海浪的拍击声，山妖的飞翔、奔驰等，勾勒出了一道东方艺术美的风景，表现了雨果丰富的想象力和表达力。

→《东方集》插图

捍卫人的理想和尊严

最简短的回答是行动。
——赫伯特

到20年代末期，年轻的雨果已经不仅在诗坛上站稳了脚跟，而且成为一面旗帜。他的周围，不仅聚集了一支文艺大军，而且在某种程度上形成了一定的政治影响力。这种情形的产生，不仅来自作家对文学天才的感悟，更重要的是来源于他对生活的真诚投入和热爱。这一时期，雨果虽然还没有正式进军政界，但他却用文学做武器，成了文学解放运动的著名斗士。他的眼睛始终关注着社会现实生活，他的心始终感受着时代的脉搏。

1828年深秋的一天，雨果像往常一样在巴黎街头漫步，不知不觉来到了格列夫广场。眼前的市政大楼和断头台在阴沉晦暗的天幕下，仿佛张开了凶狠的大口。雨果的脑海中出现了一幅幅反差巨大与真实的生活状态对比的画面：一边是上层社会的灯红酒绿、欢

法国浪漫主义文学大师 **雨果**

声笑语,一边是贫民窟的哀鸿遍野、饥寒交迫;一边是政客们的喋喋不休、道貌岸然,一边是断头台的残忍、冷漠……这些现象令作家心潮起伏、思绪万千。他决心找一种最恰当的方式把自己的所思所感表达出来。于是,他想到了监狱,他决定亲自到死囚牢房去看看,设身处地地体验一下被处死刑的人们的心情。

雨果和朋友一起来到了比斯特监狱,他仔细地记录了监狱的构造、设施,犯人们的生活和精神状况,他渐渐地熟悉了犯人们的"黑话",目睹了贫困、饥饿、苦难的社会底层的生活,一部小说也酝酿成熟,并于1829年初出版。这部名为《死囚末日记》的中篇小说,描写的是巴黎社会底层的苦役和监狱的世界。作者采用日记体裁,诉说了一个死囚被押往断头台时的心情和思绪,恐惧和绝望以及对童年生活的美好回忆。真实地揭示了还没有被当时

文学艺术家卷 027

的法国文学界重视的社会底层的生活和心态，批判了不讲人道的社会现实。在这部作品中，雨果主张人道，反对社会上两极的截然对立的主题已经出现，并在以后的作品中日渐明确和成熟。《死囚末日记》尽管遭到了反动报刊的极力诋毁，但却为他后来创作《悲惨世界》作了铺垫。

1829年6月，雨果的诗剧《玛丽蓉》完成。作品打破了传统的"三一律"原则，进一步展示《〈克伦威尔〉序言》的主张，运用强烈的对比，以生动有力的语言，表现了17世纪一对青年男女充满苦涩和灾难的悲剧爱情，具有鲜明的时代色彩。作品受到了"红色沙龙"客人们的高度赞扬，但却没有通过当局的新闻检查被禁止上演。雨果气愤地拒绝了查理十世4 000法郎的损失赔偿。

为了维护自己的创作自由，捍卫艺术和作家的尊严，雨果决定尽快再写一部新的剧本，用作品去抗争、去战斗。1829年10月，剧本《欧那尼》创作完成。这

法国浪漫主义文学大师　雨果

部作品写的是16世纪一个因反抗暴君而被流放的义盗的故事。主人公欧那尼是被西班牙国王处死的一位大贵族的儿子,他摆脱了自己的阶级落草为盗,成了一个要报杀父之仇的叛逆。后来,他爱上了一位叫素儿的姑娘,并因此与两个情敌产生了矛盾冲突,最终为了实践诺言献出了生命。剧情错综复杂、情节跌宕起伏、感人肺腑。"欧那尼"即少年时代雨果曾经停留过的西班牙的一个地方。

《欧那尼》一剧于1830年2月25日在法兰西剧院公演。从那一天下午开始,这个剧的支持者和反对者们便来到剧院门口,两大阵营的人们带着各自的目的走进了剧场。以阿黛尔夫人、作家巴尔扎克等为首的支持者们组成的浩大的队伍,尽心尽力地保护着演出,并用隆重热烈的气氛淹没了反对者阵营的嘘叫、喝倒彩。同时,这部戏也以其自身的优势赢得了观众们的掌声。这成为当时文学斗争中的重大事件,对后来的法兰西戏剧的发展也产生了重大影响。贯穿在全剧中

> **相关链接**
> XIANGGUAN LIANJIE
>
> 《欧那尼》这部戏把人物都集中在尖锐的生死搏斗、毁誉成败和爱情得失的矛盾中。首演成功后,以戈蒂耶为首的浪漫派奇装异服,在演出过程中与保守派展开激烈争论。拥戴雨果的有作家、诗人、画家、雕刻家、音乐家等等。他们的共同心愿是为保卫"艺术自由"而斗争。演出大获全胜,雨果成为浪漫派当然领袖。

的崇高的反抗暴力的热情,清新流畅的语言,体现了雨果语言风格的日臻成熟,而在主人公身上反映出的对美好爱情的讴歌、对人的尊严、傲骨和真理的热烈追求,也折射出了雨果的人生信念和理想。

1830年7月,法国发生了旨在推翻波旁王朝的"七月革命",查理十世逊位后逃往英国。皇族出身的奥尔良公爵即位,称路易·菲力浦一世国王,建立了君主立宪制的国家政体。雨果目睹了这一变革,他已不是保皇派,也没有参加任何政党,在行动上日益接近自由派,希望通过和平改良去实现社会的进步和政治上的稳定。

"七月革命"后,雨果花了近5个月的时间,把自

法国浪漫主义文学大师　**雨果**

→自由引领人民　法·德拉克洛瓦　这是画家为纪念七月革命创作的一幅作品。

文学艺术家卷　031

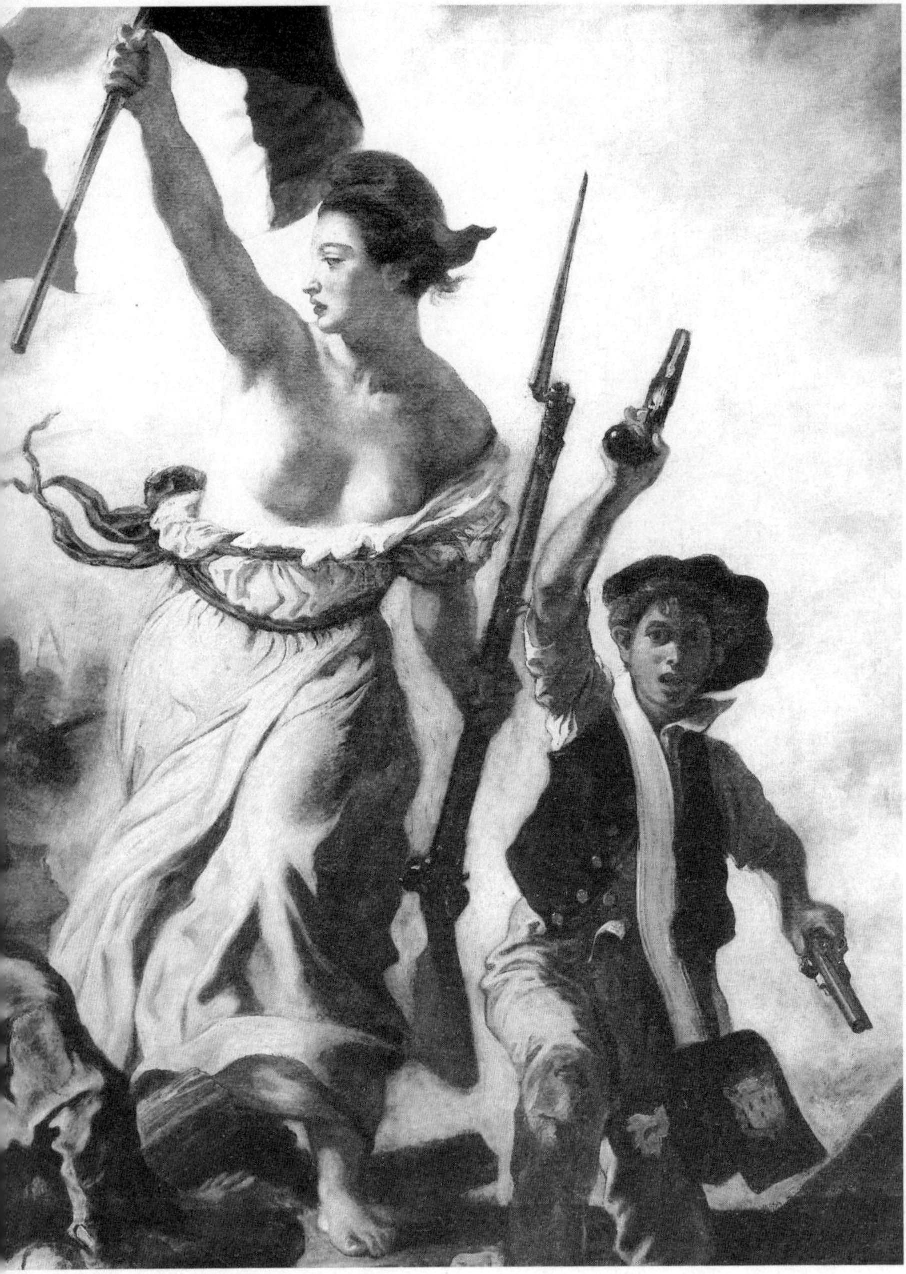

己关进书房，不去散步，不去看戏，不和朋友们来往，专心致志地创作他的新小说《巴黎圣母院》，继续探索和实践他的浪漫主义文学主张。

《巴黎圣母院》描写的是1482年巴黎的社会生活。这里既有上层社会中国王、主教等人的虚伪、自私、残忍，也有下层社会"奇迹王朝"中那些流浪汉、乞丐、小偷儿的苦难、贫穷、善良。作者重点刻画了巴黎圣母院大教堂敲钟人卡西莫多和吉卜赛少女艾斯美拉达的形象。卡西莫多是一个驼背、耳聋、只有一只好眼睛的哑巴，是一个社会的弃儿，他以敲钟为业，过着与世隔绝的生活。最后，这位奇丑的敲钟人却勇敢地抵御众人，只身保护了年轻、单纯、漂亮而又善良的艾斯美拉达，并与她共赴死亡。这部作品把中世纪城市生活的真实画面同驰骋奔放的想象结合在一起，将历

→路易·菲利一世

史的真实与诗意的虚构联系起来，整部作品贯穿着强烈的对比：光明与黑暗；善与恶；美与丑；贫困与奢侈；丑陋荒谬与美好高尚等，尤其是美的力量与美的毁灭，使作品笼罩着浓重的悲剧色彩，具有

1831年首版《巴黎圣母院》中的插图

很强的震撼力。作品还深刻地揭示了束缚人们思想的宗教教义与人的真实的感情之间的矛盾冲突。

尽管巴黎的许多报纸杂志对《巴黎圣母院》的评价很不公正、充满指责，但它却受到了广大读者的承认和欢迎。那愚人节的狂欢游行、众人围困大教堂的场景描绘等，展示了作者驾驭重大场面的能力和非凡才华。欧洲各国立即翻译介绍了这部小说，俄国一些著名作家、评论家对小说给予了极高的赞赏。别斯土热夫·马林斯基在给友人的信中指出："雨果……已经不是什么天才，而是一位旷世奇才。他挑起了整个法国文学的重担……。"

1831年秋，新诗集《秋叶集》伴着缤纷的落叶来

法国浪漫主义文学大师　**雨果**

→《巴黎圣母院》插图：善良的艾斯美拉达喂水画面。

《巴黎圣母院》手稿

→巴黎圣母院

到读者中间。这部抒情诗作,虽然也有对劳动和斗争的讴歌,但更多的,却凝聚了诗人的思索、回忆,倾吐着对孩子、爱情、大自然的热爱。展示了作家丰富细腻的内心世界。

1832年春天,巴黎霍乱流行,无数个家庭笼罩在死亡的恐怖和丧亲失子的悲哀中。雨果的长子沙尔也染上了霍乱,所幸的是,沙尔渡过难关活了下来。而此时的路易·菲力浦却不顾人民死活,忙着修建私人花园,寻欢作乐、养尊处优;达官贵人们则忙着发财升官。政府宣扬的所谓"平等、博爱"仅仅是装潢门面的幌子,人民的不满情绪越来越重,终于导致了6月4日起义的爆发。

这天,无数的巴黎市民、工人、学生正参加德高

望重的拉马克将军的葬礼，一位身着黑衣，手举红旗，旗杆顶上挂着象征自由的红色高帽的骑士出现在人群中，起义开始了。在"公民们，拿起武器""共和国万岁"的口号声中，起义者筑起了数百个街垒，占领了军火库、市政厅和巴士底监狱。晚上，起义者控制了巴黎1/3的地盘。第二天，政府调动了常备兵团和重炮部队来与起义者作战，在政府的残酷镇压下，起义失败。这次起义后来被雨果写进了他的长篇小说《悲惨世界》。

1832年7月底，雨果的新剧作《国王寻乐》完成，接着，他又开始写作《吕克莱斯·波基亚》。同年秋，正当法兰西剧院彩排《国王寻乐》时，雨果被告知该剧禁演。负责与他谈话的大臣告诉他，当局检察机关

法国浪漫主义文学大师 **雨果**

→雨果像

> **相关链接**
> XIANGGUAN LIANJIE
>
> 《吕克莱斯·波基亚》写于1832年。雨果在序言里声明对路易·菲力浦禁演政策的不满。他强调"戏剧是讲坛",还指出戏剧"具有民族的使命,社会的使命,人类的使命"。剧本写才貌双全的贵妇吕克莱斯为母爱受到抑制和维护权势地位用毒药杀人灭口、犯下一系列伤天害理的罪行。她最后被自己四下寻觅但也服了她的毒药却未曾相认的儿子于临终前刺死。

认为《国王寻乐》有影射当今皇上的嫌疑,要求作者修改剧本,雨果严词拒绝了,随后,这部仅仅演了一场的剧便被剧院取消了。雨果为了争取社会舆论的关注和同情,声讨当局的专横和暴虐,起诉了法兰西剧院。这起诉讼案的结局当然可想而知,但雨果在法庭上的发言却时时被掌声打断,报纸也发表了雨果的法庭讲话,作家为维护公民权利和出版自由所作的努力有目共睹。从这一年开始,雨果宣布不再领取政府的文艺津贴。同时决定尽快出版《吕克莱斯·波基亚》。他在这个剧本的"序言"中写道:"一个剧本被查禁之后,再出版一部新剧本——

这是我用过的一种直接和政府说理斗争的方式……"
《吕克莱斯·波基亚》塑造了一位富有传奇色彩的投毒者的形象。她周旋于一个充满矛盾、阴谋、暗害的腐朽贵族之家，既是害人者，也是受害者，最终由于母爱精神的复苏，唤醒了她本性中善的一面，净化了她的灵魂，但她也为此付出了生命的代价。

《吕克莱斯·波基亚》由圣马丁门剧院首演并获得成功。也就从这部戏开始，雨果结识了在剧本演配角的女演员朱丽特·德鲁埃，并坠入情网。从此，两个人的命运便联系在了一起。朱丽特·德鲁埃成了雨果忠实的秘书和亲密的情人。雨果夫人去世后，她便代替阿黛尔成了雨果沙龙的女主人。朱丽特并不是一位出色的演员。她出身于一个裁缝家庭，父母早逝，很早就开始独立谋生。她崇拜雨果，能背诵雨果的许多诗，了解雨果的想法，以能为雨果誊抄作品而快乐。《吕克莱斯·

→朱丽特·德鲁埃像

相关链接

XIANGGUAN LIANJIE

雨果最为法国人津津乐道的浪漫事迹是,他于30岁时邂逅26岁的朱丽特·德鲁埃,并坠入爱河,以后不管他们在一起或分开,她每天都要给雨果写一封情书,直到她75岁去世,将近50年来从未间断,写了将近两万封信。

波基亚》演出后,为了满足朱丽特当主角的心愿,雨果指定其扮演新剧《玛丽·都铎》中温柔文静的女主人公杰恩。朱丽特满怀感激,百般努力。但终因演技不佳,致使首场演出失败,朱丽特也被观众喝了倒彩。但雨果和朱丽特的感情却保持下来,并更加深厚。为此,雨果甚至不惜承受同行、朋友的责备,忍受政敌的攻击。以往聚集在以他为核心的浪漫主义文学运动旗帜下的人们各奔东西,雨果在诗歌创作方面的声望虽然已经达到了顶峰,成就依然辉煌,但他的文学运动统帅的地位却不复存在了。

法国浪漫主义文学大师　**雨果**

在政治斗争的漩涡中

> 只有毫不容情地恨恶的人，才能强烈地爱善。
>
> ——席勒

尽管现实主义派和浪漫主义派在美学原则、艺术手法上都有显著区别，但他们都在进行新的探索，寻找实现社会崇高理想的哲学依据，因而都十分醉心于当时的乌托邦思想。作为具有民主主义倾向、向往自由的雨果，最欣赏的还是圣西门和傅里叶的思想。他希望参与国家大事，对国家的前途施加影响，用教育和宣传的和平手段消除社会矛盾，在发挥诗人的作用的同时，发挥一个政治家的作用。从19世纪30年代初开始，雨果决心进军政界，做一个政治家，实施自己的政治主张。

他没有田产、没有房产，银行里也没有大笔存款，这样就没有当一个区的代表的财产资格，要跻身政界，只有走法兰西学院这条路。法兰西学院院士任职是终身制，虽然清苦些，但却有机会被选为代表，获得贵

族称号。

雨果在等待院士名额出现空缺。这期间他作了一些准备：出版了他青年时代的日记、札记、文章和在"七月革命"中作的笔记，向公众表达了他的自由理想和政治信念，这里既有他在文学上尊崇典范到主张文学革命，提倡文学上自由主义的历程，也有政治上从保皇主义到自由主义的轨迹。他还不得不屈尊去拜访那些与他政治上、文学上观点都不一致的所有院士们。

← 雨果故居

雨果故居位于巴黎孚日广场的东南角。雨果自1832年至1848年在此居住长达16年之久。

法国浪漫主义文学大师 **雨果**

> ### 相关链接
> #### XIANGGUAN LIANJIE
>
> 《吕意·布拉斯》是雨果最有生命力的代表作。这部戏写了平民出身的仆人吕意·布拉斯与西班牙王后的爱情悲剧。大臣堂·萨留斯特阴谋废黜王后,命仆人吕意·布拉斯冒充容貌相同的贵族堂·凯撒向她求爱。吕意·布拉斯当上首相重整朝政,深受爱戴并得到王后爱情的回报。堂·萨留斯特提醒他,一日为仆终身是奴,必须遵从他的旨意行事。吕意·布拉斯明白自己成为旧主的阴谋的工具,杀死堂·萨留斯特,服毒身亡,死在谅解并深爱着他的王后的怀抱里。
>
> 吕意·布拉斯和堂·萨留斯特的鲜明对比,表明雨果讴歌的是人民,鞭笞的是贵族统治阶级。

但在1836年2月的院士选举中,雨果仍然落选了。

1838年11月,经过长时间的筹划,雨果和著名作家大仲马共同创建的"复兴剧院"正式开业。这个剧院将成为他们宣传新文学、新思想的阵地和上演浪漫主义剧目的场所。开业不久,剧院即上演了雨果的诗剧《吕意·布拉斯》,尽管朋友们极力肯定这部诗剧所表现出的豪迈激昂的热情和崇高的感情,但反对派的

攻击声仍然盖过了赞扬。观众也似乎失去了对浪漫主义文学的兴趣。"复兴剧院"失去了存在的意义，不久便移交他人。这之后的很多年，雨果没有再写剧本。因而可以说，《吕意·布拉斯》是19世纪30年代雨果戏剧创作的一个总结，是他的浪漫主义组曲的最后一部华彩乐章。反抗暴政、打破文学上的清规戒律、创造新的语言规范等等，这些主题和基调都得到了充分的发挥和展现。正如一位作家指出的："维克多·雨果的诗散发着清香，它有着水晶般纯洁的声音，闪耀着金玉般的光辉……"

1839年5月，法国空想共产主义者奥古斯特·布朗基领导的"四季社"起义由于没有广泛的革命宣传

← 描绘雨果的漫画

法国浪漫主义文学大师　**雨果**

← 雨果故居

和群众基础而失败，布朗基潜逃，另一位领导巴贝斯被捕。雨果在贵族院看见了年轻的巴贝斯，并为他的坚定、勇敢深深感动。两个月后，得知巴贝斯被处死刑的消息，雨果连夜给国王写信，请求赦免巴贝斯，得到了国王的同意。这件事大大鼓舞了雨果的自信心，他希望尽快跻身立法者的行列，以实现自己的政治理想。这之后，雨果3次申请加入法兰西学院，但都失败了。挫折并没有使雨果绝望，他决心不达目的决不罢休。

1841年1月，雨果又一次站到了院士选举的讲台上，他谈到了法兰西的光荣、拿破仑的伟大，谈到了君主立宪政体的优越性，谈到了法国文学，也赞扬了法兰西学院。为了施展自己的政治抱负，雨果这次讲话中毫无反叛精神，仅仅提出了一个心平气和的启蒙性质的纲领。在奥尔良公爵夫人的干预影响下，雨果终于成为法兰西学院的终身院士。4年后，雨果被赐予法兰西贵族称号，并成为贵族院议员。

成为院士的雨果，开始被会议、舞会、招待会、宴会包围了，他周旋于上流社会的灯红酒绿之中，从事创作的时间越来越少，同时，他完成于1842年的剧作《城堡里的伯爵》由于台词冗长、情节离奇而失败。不久，他的爱女列奥波尔季娜和女婿在外出游玩时双双遇难。雨果一下子仿佛老了10岁，他

← 雨果故居内的塑像

的生活和创作都陷入了低谷。

然而,雨果毕竟是一位杰出的伟大作家,良知和使命促使他在任何情形之下,都不会忘记自己的责任。在世俗的应酬中,在内心的伤感中,他仍然时刻关注着社会底层人们的生活,收集材料、观察生活、写观察心得、记札记,准备创作一部描写法国人民生活和作家本人青年时代的小说。雨果一方面利用一切机会在贵族院发言,宣传自己的政治理想,要求废除死刑,还作家自由,发扬人道精神,声援被压迫民族和人民的正义斗争,一面争取时间,动笔创作《悲惨世界》。

1848年6月,巴黎爆发资产阶级大革命。马克思、恩格斯对这一事件极为关切,称它是"欧洲各国内战史上最巨大的一次事变"。在这次事变后成立的临时政府中,雨果当选为国民立宪会议代表。然而,"自由、平等、博爱"的梦想并没有变成现实,资产阶级霸占了政权机构的关键职位,轻易地窃取了革命的果实。5月25日,巴黎二十万人上街游行,要求救济失业者、对政府实行监督,向百万富翁的资产征税等。政府立即调集了军队,逮捕起义和游行的领导人,屠杀起义人民。雨果曾经幻想的各阶级和睦相处的理想彻底破灭了。面对血腥的镇压,雨果在议会表决中坚决反对,同时,多方奔走营救,对受害者深表同情,为他们仗

←路易·波拿巴像

他是拿破仑一世的弟弟,他的幼子就是后来的拿破仑三世。

法国浪漫主义文学大师　**雨果**

义执言，使一些人免于被处死和流放。

同年12月20日，拿破仑的侄子路易·波拿巴当选为法国总统。这个"胆怯的亲王"大权在握后，便撕下了伪善的面具，向共和国举起了屠刀。严峻的现实再一次让雨果震惊和愤怒，也激发了他更强烈的抗争意识。

1849年8月21日，世界和平大会在巴黎召开，雨果当选为大会主席。他在大会上发表的开幕词中表达了对和平的渴望，并列举大量的数据揭露所谓的政治家们的假仁假义和穷兵黩武。在"六月起义"后的两年中，雨果多次在国民议会发言，声讨贫困、反对流

这幅漫画是当年雨果为和平民主奔走呼号的一个写照

相关链接

巴尔扎克和雨果是欧洲现实主义文学和浪漫主义文学两座并峙的高峰。他们生活在同一时代、同一城市，对文学的执著和共同拥有的崇高声望，使这两位文学大师交往甚密并成为朋友。

1950年巴尔扎克的逝世，使整个法国陷入悲痛之中。作为巴尔扎克的老朋友，雨果自然也悲痛万分。他是一个感情十分丰富的人，人类的生与死、善与恶，世间的美与丑、真与假，无不在他心中留下深刻的印记，引发他丰富的联想。他痛悼一代伟人巴尔扎克的永不复生，为巴尔扎克在并不长寿的生命中的巨大创造而骄傲，同时他也思考人活着的意义、死后的荣辱等问题。

血、呼吁和平，幻想对物质福利进行重新分配，通过和平方式解决问题，真正建立资本主义的民主主义共和国。他的发言和主张不仅在议会得不到采纳和承认，还经常遭到嘲笑、起哄。国民议会成了右派分子的天地，完全脱离了人民，也失去了人民的信任，形同虚设。

在这种状况下，雨果的政治立场开始发生变化，

法国浪漫主义文学大师　雨果

←巴尔扎克像

由从前的模糊的自由主义、赞同君主立宪制转向了民主主义的左派共和主义的立场。那些他过去认为的"极端的雅各宾派"成了他的朋友。其间，他接受了一位正被放逐的左派领袖的建议，到法国北部一个化工、纺织工业中心城市进行实地考察，目睹了普通百姓苦难的生活。他比以往更加积极地参与政治斗争，渴望实现他的政治理想。虽然他的沙龙里还像从前一样热闹，客人们经常来聚会、争论、交流新情况，但他的长篇小说的创作却几乎停了下来。

1850年8月，法国伟大作家巴尔扎克与世长辞。雨果怀着沉重的心情送别了这位才华横溢的朋友。在墓地，他高度评价了巴尔扎克的作品，肯定了这位作家在进步的革命作家队伍中的分量。他说："……他的所有作品就是一本书，一本活生生的，辉煌而又深刻的书。它生动地表现了我们当代的现实生活，通过完全真实但却充满不安和可怖气氛的形象把现实生活体现出来……"

1851年，雨果的两个儿子沙尔和弗朗索瓦因发表

反对死刑和反对取消避难权的文章而先后被当局投进了监狱。随后，雨果的两个朋友也因受牵连而被捕，他们都是《时事报》的记者和编辑。在那段时间里，雨果经常去监狱探望亲人和朋友，鼓舞他们的斗志。

现实的政治斗争也日趋激烈和复杂。1851年12月2日，路易·波拿巴终于抛开了"共和"的伪装，出动军队，占领了国民议会，抓走了大批的军官和议员、官员，贴出告示，要求人们完全服从于"责任元首"，把总统的任职时间延长10年。路易·波拿巴的复辟帝制政变发生后，以雨果为首的左翼议员立即召集会议，选出了抵抗委员会，由雨果任主席，他们制定行动计划，决心阻止路易·波拿巴的复辟阴谋。雨果不顾被政府悬赏捉拿和子弹击中的危险，奔走于街垒之间，到工人、士兵中间去，呼吁人们拿起武器，捍卫共和国、捍卫宪法。3天以后，抵抗运动失败，几百人被俘后惨遭杀害。

雨果东躲西藏，身心疲惫不堪。12月11日，在情人朱丽特的帮助下，雨果怀着对故土、对亲人的眷恋，化装更名，离开巴黎，前往比利时首都布鲁塞尔，开始了他长达19年的流亡生活。驱逐、迫害、衰老都在等待着他，他将如何度过？

法国浪漫主义文学大师　**雨果**

相关链接
XIANGGUAN LIANJIE

雨果在巴尔扎克葬礼上的演说(节选)

各位先生:

现在被葬入坟墓的这个人,举国哀悼他。对我们来说,一切虚构都消失了。从今以后,众目仰望的将不是统治者,而是思想家。一位思想家不存在了,举国为之震惊。今天,人民哀悼一位天才之死,国家哀悼一位天才之死。

诸位先生,巴尔扎克这个名字将长留于我们这一时代,也将流转于后世的光辉业绩之中。巴尔扎克先生属于19世纪拿破仑之后的、强有力的作家之列。正如17世纪,一群显赫的作家涌现在黎塞留之后一样——就像文明发展中,出现了一种规律,促使武力统治者之后,出现精神统治者一样。

愿意也罢,不愿意也罢,同意也罢,不同意也罢,这部庞大而又奇特的作品的作者,不自觉地加入了革命作家的强大行列。巴尔扎克笔直地奔向目标,抓住了现代社会进行肉搏。他从各方面揪过来一些东西,有虚像,有希望,有呼喊,有假面具。他发掘内心，解剖激情。他探索人、灵魂、心、脏腑、头脑和各个人的深渊。巴尔扎克由于他自由的天赋和强壮的本性，由于他具有我们时代的聪明才智，身经革命，更看出了什么是人类的末日，也更了解什么是无意。于是面带微笑，泰然自若，进行了令人生畏的研究，但仍然游刃有余。他的这种研究不像莫里哀那样陷入忧郁，也不像卢梭那样愤世嫉俗。

这就是他在我们中间的工作。这就是他给我们留下来的作品，崇高而又扎实的作品，金刚岩层堆积起来的雄伟的纪念碑！从今以后，他的声名在作品的顶尖熠熠发光。伟人们为自己建造了底座，未来负起安放雕像的责任。

各位先生，面对着这样一种损失，不管我们怎样悲痛，就忍受一下这样的重大打击吧。打击再伤心，再严重，也先接受下来再说吧。在我们这样一个时代里，一个伟人的逝世，不时地使那些疑虑重重、受怀疑论折磨的人，对宗教产生动摇。这也许是一桩好事，这也许是必要的。上天在让人民面对崇高的奥秘，并对死亡加以思考的时候，知道自己做的是什么；死亡是伟大的平等，也是伟大的自由。

法国浪漫主义文学大师　**雨果**

磨难中挺拔起不屈的灵魂

> 经验是要付出昂贵学费的,但是它比一切老师都好。
>
> ——卡莱尔

19世纪50年代的法国,可谓风雨飘摇,动荡不安,路易·波拿巴的第二帝国的建立,使通往共和的道路变得更加艰难曲折。法国文学中痛苦、悲伤、绝望的情调越来越强烈,但反抗精神仍然活跃。被法国政府下令驱逐的雨果,此时正在布鲁塞尔的寓所中奋笔疾书。

他的房间里只有一张书桌、一张窄窄的铁床、两把带草垫的椅子,陈设十分简陋。雨果每天工作10到12个小时。他正将自己的所见所闻所感写进书中,他要用这部《一件罪行的始末》,揭露路易·波拿巴称帝的事实,记录人民的反抗斗争,表达自己的痛苦、愤怒和蔑视,为后人留下一个历史的见证。他书写得很快,也很长,远离故土的雨果,不断地将从妻子、朋友们那里得到的来自国内的信息充实到自己的作品中。

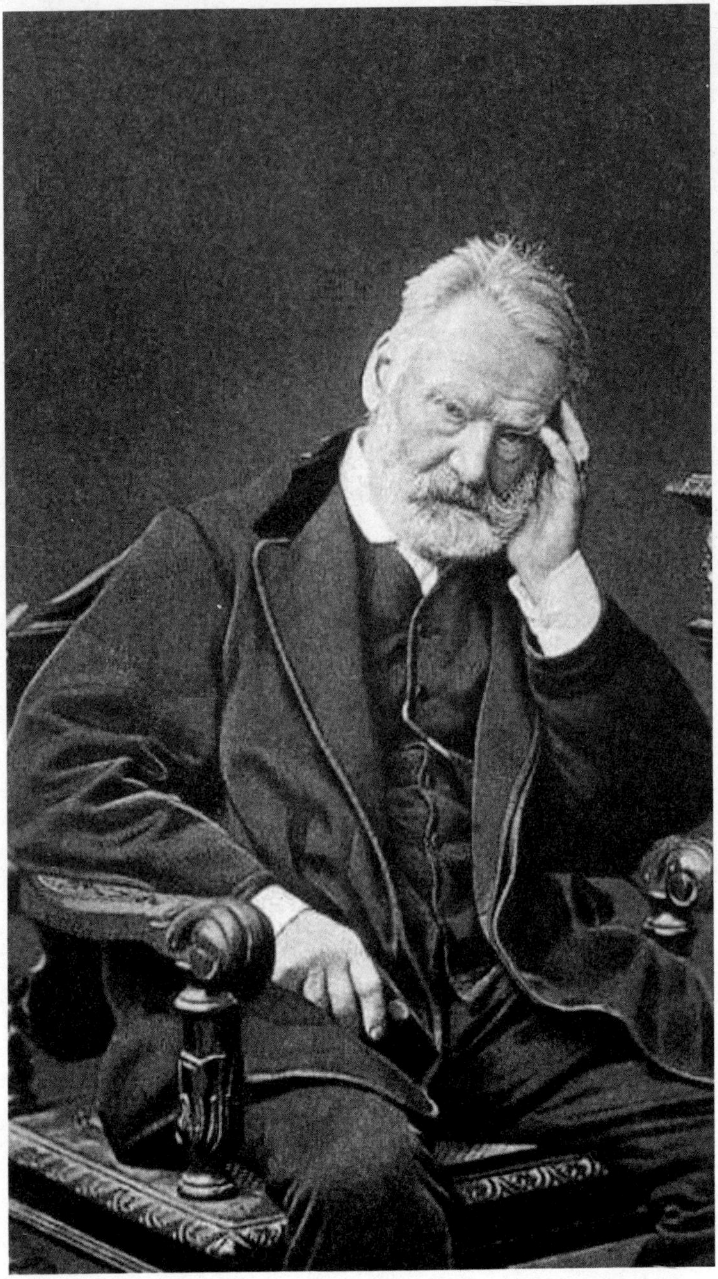

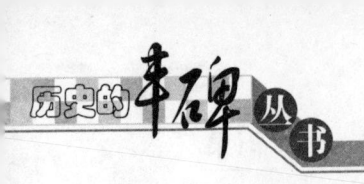

但布鲁塞尔和伦敦的出版商们没有人敢接受这本书。因为这部书不仅政治上冒险,经济上也有风险。

雨果没有灰心,他坚信:"墨水瓶能消灭大炮。"他利用《一件罪行的始末》的材料,立即着手创作一部篇幅短小,但文笔更激烈、更犀利的政治檄文。1852年7月25日,这本名为《小拿破仑》的书在伦敦出版。已经控制了法国政局的路易·波拿巴十分恼火,立即写信给比利时国王,对雨果在比利时避难表示不满。于是,比利时当局要求雨果限期离境。

7月31日,雨果和先期出狱的长子沙尔离开布鲁塞尔,前往新的流亡地。朋友们和许多市民顶着瓢泼大雨到码头为他们父子送行。

雨果父子迁居的杰西岛是英吉利海峡群岛中最大的一个,是英国的保护地。他的一家先后来到杰西岛,团聚在幢叫"观海亭"的房子里。每天早晨,在家人还在熟睡时,雨果就起床工作了,他继续用手中的笔做武器,与祖国的敌人、自由的刽子手展开斗争。每天散步时,雨果便长时间地凝望着远方遥远的海岸,希望有一天再回到祖国的怀抱。

到杰西岛后不久,雨果便得知,路易·波拿巴终于爬上了皇帝的宝座,法国人民再次沦为帝制的奴隶。满怀悲愤的雨果,倾听着海浪的嘈杂与狂风的怒吼,

相关链接
XIANGGUAN LIANJIE

这幅漫画中的雨果在皇帝的头上烙上火印，让人想起《惩罚集》中的《此人在笑》一诗：

我逮住了你，

我在你脸上张贴布告；

当惩罚把你按在刑柱上钉住不动，

我手拿着烙铁，看你皮肉在冒烟！

仇恨的火焰化作不竭的创作激情,充满力量的诗句倾泻而出,汇集了一部新诗集的战斗号角。1853年11月,《惩罚集》在布鲁塞尔和伦敦同时出版,一批勇敢正直的人士不顾杀头坐牢的危险,悄悄地将诗集运到法国。它像一股清风,吹进了法兰西沉闷阴郁的天空,鼓舞起人们的斗志和热情。《惩罚集》在艺术上也有了巨大的突破,代表了雨果在诗歌上最重大的成就。他将现实主义和浪漫主义、讽刺与英雄气概、尖刻的讥嘲和崇高的激情结合在一起。在揭露现实,反映当代重大事件方面,这部诗集的力量超过了《小拿破仑》。在风格方面,它热情豪放、激情洋溢,具有极强的讽刺力量,对后来的法国文学也产生了积极的影响。革命导师列宁也十分喜爱这部诗集。

杰西岛上生活着大约300多各流亡者,大部分人生活得十分凄苦,他们没有工作,没有生活和政治保障。岛上有两个相互敌视的流亡者协会。流亡者之间也并不团结。雨果没有参加任何一个协会,对他们之间的纠纷也不过问,但却积极参加流亡者的活动,在一些纪念活动集会上讲话,在流亡者主办的《人报》上发表文章。同法国反动政府进行斗争。由于流亡者之间的纷争、拿破仑三世的暗探混迹岛上岛上的显贵们的诋毁和排斥,除了极少数朋

友外，雨果一家在杰西岛的生活孤独而寂寞，雨果却获得了更多的时间去思考、创作。同时，还要想方设法周济生活困难的流亡者，在道义上帮助和支持弱者，为正义呐喊。

1854年2月，雨果致函英国政治家帕麦斯顿勋爵，公开抗议杰西岛上的一桩死刑案的不人道，许多国家的报刊对雨果的言论予以了支持。同年9月27日，为悼念法国流亡者、共和主义者费利克斯·波尼，雨果发表演说，号召活着的人们积蓄力量准备斗争。11月29日，雨果就英法两国结为同盟，卷入克里米亚战争事件发表谈话，谴责"斩尽杀绝"的流血冲突……在杰西岛的两年多时间里，雨果从未间断过抨击暴政的斗争，他的讲话、演说、文章，通过各种渠道

← 今日的杰西岛

不断传向各地，引起了统治者的不满与不安。1855年10月27日，杰西岛当局下令驱逐雨果。虽然英吉利海峡诸岛以及伦敦等一些城市为此举行了抗议集会，但雨果还是于4天后离开了杰西岛。他选择的下一个落脚地是盖纳西岛。

盖纳西岛离杰西岛不远，首府叫圣彼埃尔，岛的形状呈三角形，自古以来就是流放地。雨果曾这样描述这个岛："南部是花岗岩，北部是沙土地，沙丘间起伏着陡坡，坦荡的平原上横卧着一排蜿蜒的丘陵，峭壁突起……冬季和夏天一样鲜花遍地……土地肥沃、湿润。""岛的西部被狂风吹得寸草不生……一派贫困萧条的景象……"雨果很快熟悉了岛上的生活，并与当地的渔民成了朋友。1856年春天，他的又一部诗集《沉思集》出版，得到了读者的好评。雨果用这本诗集的收入买下了一幢叫崖城别墅的房子。从此，崖城别墅成了他生活和创作中的重要组成部分。他的许

→ 福楼拜像

1949年拍摄的电影《包法利夫人》剧照

多重要作品、文章都是在这里构思成熟变成文字的。他在这里接待朋友，他的漂泊流浪的心在这里得到了庇护和休整，同时，他以其自身宽阔的胸襟、高尚的人格力量接纳、维护、影响了许多持不同艺术主张的人和受到不公正评价的作家。

著名作家福楼拜因小说《包法利夫人》而遭到诽谤，当局以"亵渎宗教与道德"的罪名向感化法庭起诉了他。得知这一消息后，雨果两次写信给福楼拜，对其作品表现出来的新颖的思想给予充分的赞赏。虽然雨果的创作方法与福楼拜相距很远，但他仍然认为，"《包法利夫人》是一部真正的艺术作品……"，福楼拜是"这一代人中先进的思想家之一"。1857年4月

相关链接
XIANGGUAN LIANJIE

《包法利夫人》（Madame Bovary），是福楼拜的长篇小说代表作。1856年开始在《巴黎杂志》上连载，一开始因内容太过敏感而被指控为淫秽之作，批评这部书"违反公共和宗教、道德及善良风俗"，并要求删除一些片段，福楼拜坚持不删改任何一字，1857年2月7日经法院审判无罪，福楼拜开始声名大噪。

《包法利夫人》被称为19世纪不朽名著，并直接影响到20世纪的乔伊斯、普鲁斯特等大作家。

底，雨果给波德莱尔写信，对他的《恶之花》在技巧上的出色成就给予肯定。

雨果还与许多来自欧洲各国的政治侨民保持着联系。俄国进步作家赫尔岑在流亡中创办了刊物《北极星》，雨果不仅为《北极星》第一期写了一封热情洋溢的信，阐述了他对高尚的政治、对赫尔岑的事业的支持，而且在以后的许多年里，一直与赫尔岑通信、互寄书籍，交换对一些敏感问题的意见，保持着深厚的友情。

在崖城别墅，雨果于1857年完成了他的第一部叙事诗《历代传说》第一部。在序言中，他谈到了自己的创作意图："用一组史诗记录下人类活动的轨迹。从历史、神话、哲学、宗教、科学……来描述人类"。

流亡、闭塞、动荡的生活，严重损害了雨果一家的健康状况，沙尔和夫人身体都不好。对故土家园的怀念也使他们倍觉漂泊的凄凉和无奈。1859年5月，雨果夫人带着一双儿女前往伦敦治病，顺便散散心。同年8月，拿破仑三世下令大赦包括雨果在内的流亡者，许多人返回了祖国，老朋友们也都希望雨果回去。雨果也同样思念着祖国，渴望重温往日的生活。可是，为了自己所承担的责任和义务，雨果毫不犹豫地声明："鉴于法国当前的局势，我的责任就是无条件地、不屈不挠地、永不停息地进行抗议。我忠于对良知所承担的义务，我将坚持与自由一起流亡。自由返国

漫画中的雨果面对攻击他的外界动物毫不畏惧，只安详地弹奏着自己的竖琴，脚下有他的剧本。

之日，即是我的返国之时。"

  1859年12月21日，雨果发表了向美国政府、司法当局、人民、人道与良心的呼吁书，营救被美国司法当局判处绞刑的黑人解放运动战士约翰·勃朗。他呼吁良知、道义，抗议蓄奴制。然而，呼吁书发表的当天，约翰·勃朗便被处死了。雨果怀着十分沉重的心情画了一

幅画，并照画稿定制了一幅板画，纪念这一事件，与黑暗势力抗争。他虽然没有留住约翰·勃朗的生命，但他在这一事件上表现出来的不畏强暴，仗义执言的行动，却提高了他作为政治家的声望。这之后，许多人向他求助，他也把声援各国人民反奴役、反殖民主义的斗争作为自己的责任，并不惜为此付出代价。

1860年3月，雨果给海地《进步报》编辑回信，祝贺海地共和国成立；1863年，雨果给墨西哥普韦布拉的人民写信，声援墨西哥人民抵抗拿破仑三世的出兵侵略；1867年11月，雨果向英勇捍卫祖国领土和人民自由的波多黎各保卫者表示敬意；1869年，雨果应300多名逃亡在美国的古巴妇女的请求，写信声援古巴起义者……在雨果心中，自由、平等、博爱应当成为人类生活的最高法则，任何人都无权剥夺人们争取自由的权利。因而，他的一生也始终为自由、为正义、为爱而战。在他的崖城别墅里有这样一句格言："要相信人、爱人！"

在支持、声援各国人民的正义斗争中，雨果的信和讲话发挥了巨大的威力。正如墨西哥普韦布拉的保卫者在"告法国士兵书"上所写的："你们是什么人？是暴君的士兵。你们有拿破仑，而我们有维克多·雨果。"雨果利用自己广泛的政治影响，为弱小者、为正义事业、为实现心中的梦想奔波效力、孜孜以求。1860年夏天，雨果应邀返回杰西岛，庆祝和声援加里波第领导的意大利民族解放运动。1863年秋，他还亲自为加里波第筹集捐款，用以购买枪支弹药等，用自己的行动吸引更多的人为社会的自由和进步事业效力。

除了创作和参加社会活动外，雨果还利用每星期二的时间，邀请15名到20名小朋友到他的崖城别墅做客。这些孩子都属于贫困阶层，他们的家长有渔民、石匠，也有流亡者。在别墅里，他们不仅可以享受到美味可口的食物，更重要的是，他们得到了雨果一家真诚的关怀和爱，以及平等的对待。对雨果而言，这不只是一次聚餐，更是他关注和帮助下层人民的一个具体行动。

走向创作的丰收季节

> 语言属于一个时代，思想属于许多时代。
> ——卡拉姆辛

早在1848年法国大革命前后，青年雨果就酝酿构思完成了一部描述下层人民生活状况的长篇小说《穷人》。10年的流亡生活，纷纭复杂的政治斗争和文学革命，使他的思想和艺术主张都日趋成熟和个性化，对作品思想内容和艺术水准的衡量尺度也发生了较大变化。于是，从1860年4月底开始，雨果用了一年多的时间，对小说作了大刀阔斧的修改，他的崇尚英雄精神、相信善与美

←这是雨果最初一版《悲惨世界》中的插图

法国浪漫主义文学大师　**雨果**

← 1935年电影《悲惨世界》海报

的信念、尊重人、赞美人的主张在小说中得到了充分的展现，也使小说洋溢着理想主义的色彩。小说的名字改成了《悲惨世界》。

为了尽快完成修改工作，雨果躲到一间乡村旅店的客房里。当1862年4月，《悲惨世界》第一卷出版发行时，雨果已是一位皓首银须的老人了。这部作品从构思到出版，花去他十几年的时光，其中的辛苦是难以言表的。《悲惨世界》受到读者的热烈欢迎，书摊前一清早就排起了等待购书的长龙。从贫民窟到上流社会的沙龙里，社会各个阶层都在谈论着这部作品，关注着书中主人公们的命运。小说很快被译成欧洲各国文字，仅在俄国就有3家刊物同时刊登这部作品。托尔斯泰和陀思妥耶夫斯基对这部小说给予了很高的评价。

小说的出版使得当局惶恐不安，一些御用文人纷纷指责攻击雨果及《悲惨世界》，一家教会报纸甚至断言，雨果这个作家根本就不存在，《悲惨世界》的真正

文学艺术家卷　071

作者乃是撒旦恶魔本人。

　　雨果又一次卷入了斗争的漩涡，反动分子的攻击和叫嚣使他确信他的小说击中了要害，他感到欣慰。在布鲁塞尔，朋友们为《悲惨世界》的出版举行了盛大的酒会。雨果激动地举杯："为各国人民的报刊干杯！为自由的报刊干杯！为强大、光荣、富有成效的报刊干杯！"他深情地回顾了10多年的漂泊流亡生活，表示："11年前你们送走的几乎是一个地地道道的青年，而现在你们见到的已是一个老人了。他头发白了，可是心却没变。"

　　《悲惨世界》通过生动具体的人物形象，揭示社会和人性中的种种矛盾："描写心灵

↓1935年电影《悲惨世界》海报

法国浪漫主义文学大师　**雨果**

← 2009年音乐剧《悲惨世界》海报

在《悲惨世界》的各种改编作品中，这部音乐剧最为成功。

文学艺术家卷　073

之美,并借以表现社会底层的悲惨现实,使社会认识到它的基础原来是个可怖的地狱,同时还要使社会认识到:是驱散黑暗的时候了……"小说中面色阴沉、形容枯槁、肩背上烫有烙印的苦役犯让·瓦勒让,孤独而无奈的芳蒂娜,以及主张宽容仁慈的米里埃尔主教、街垒中英勇无畏的战士等人物形象栩栩如生。同时,小说中人物活动的历史背景材料、大量的素描也都有真实的生活基础,保皇派的沙龙、巴黎的底层生活、滑铁卢战役等等,这些描写,赋予了小说浓厚的

← 《悲惨世界》中的插图

法国浪漫主义文学大师 **雨果**

时代气息和历史感，即使今天读来，仍能深深打动读者的心弦。

1863年6月，《雨果夫人见证录》第一卷问世了。这部散发着新鲜的油墨芳香的书稿，花去了阿黛尔10年的时间，作为雨果青梅竹马的朋友和相濡以沫的妻子，阿黛尔细腻而真实地描述了雨果从少年时代起的生活、成长过程，记录了他从一个天生的贵族和保皇派向民主派的转变。同时，也记录了他们青年时代的那些朋友们的故事。

60年代的雨果，已经是一位须发如银的老人了，可是他仍觉得自己充满活力，精力充沛。每天天一亮他便准时起床，伴着大海的喧嚣开始工作，他的许多宏伟的创作计划一部部地变成生动可感的小说、诗歌、评论。1864年是英国伟大作家莎士比亚诞辰300周年，

→《海上劳工》书影

《海上劳工》书影

为纪念这位天才,雨果的儿子翻译完成了莎翁作品的法文本,雨果欣然为之作序。谁知序言越写越长,最后变成了一本书《论莎士比亚》。这本书也赶在伦敦庆祝莎士比亚诞辰纪念大会召开前出版了,作者用热情的笔触描述莎士比亚的天才和无与伦比的成就,赞美莎士比亚丰富的想象力、卓越的表达力。

1865年5月开始,用了一年左右的时间,雨果创作完成了《海上劳工》。这是一部描写渔民和水手生活的长篇小说,取材于他在盖纳西岛的见闻。在这部作品中,雨果将现实与理想、日常生活和幻想神话、写实和传奇结合在一起,赞美了以青年渔民吉利亚特为代表的劳动者的坚韧、机智、聪明和勇敢,深情地讴歌了海上劳工们的创造力。小说出版于1866年3月,

在读者中引起了强烈反响。为弥补小说印数的不足，杂志也发表了这部小说。一时间在饭店的菜单上，"章鱼"成了最风行的菜肴，时髦的巴黎女郎们以戴章鱼形状的帽子为荣耀。盖纳西岛的水手们给雨果寄来了感情真挚的致谢信。雨果用自己的作品，反映了人民的生活，表达了对人民的热爱和同情，同时，也赢得了人民的关心和爱。这份爱的博大和包容力，并不是所有作家都能感受得到的。

1868年8月底，雨果夫人阿黛尔因心脏病发作而去世，葬在了女儿列奥波尔季娜的墓旁，雨果又失去了一位至爱的亲人。安葬了夫人之后，雨果回到崖城别墅又投入了紧张的创作。第二年5月，出版了长篇小说《笑面人》。《笑面人》是雨果在流亡期间创作的最富有浪漫色彩的长篇作品。小说描写了一个被命运抛进社会底层的贵族公子短暂而充满戏剧性的悲剧一生。主人公关伯仑本是一个爵士的儿子，一伙流氓奉国王之命劫持了他，并毁了他的容貌，把他变成了一个丑陋不堪、毫无表情、令人惨不忍睹的笑面人，并抛进了社会的底层，成了江湖剧团的一员。在那个贫穷、艰难却充满善良、友爱的江湖剧团，关伯仑与盲姑娘蒂娅相爱了。一个偶然的机会，关伯仑被发现，恢复了地位，成了上议院的议员，他发表演说，揭露

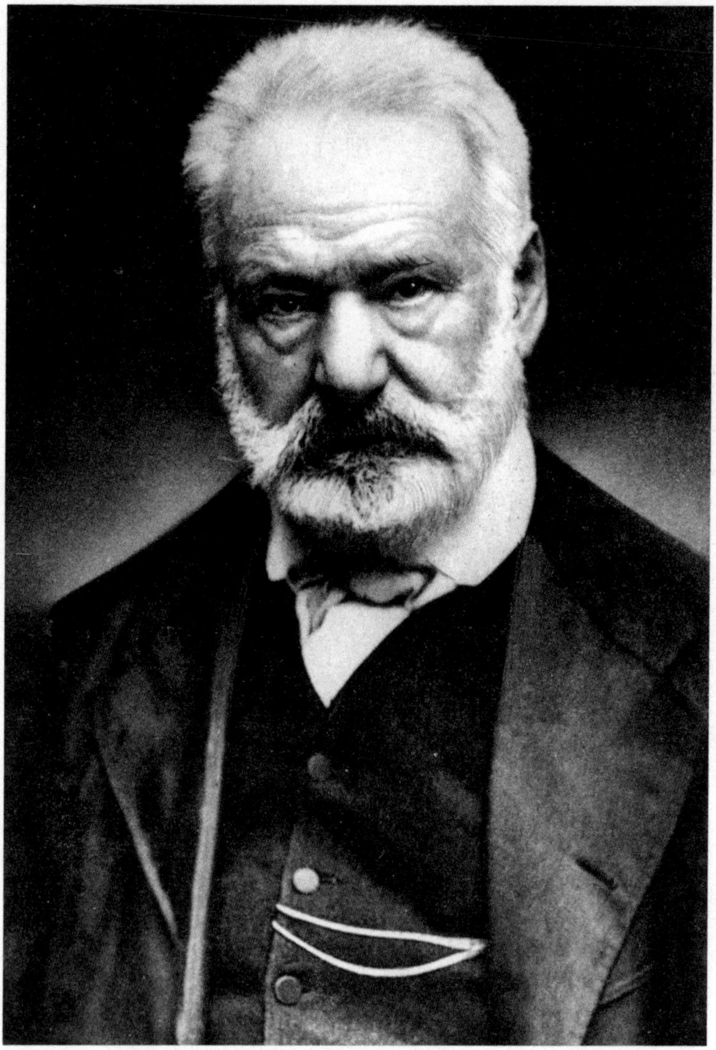

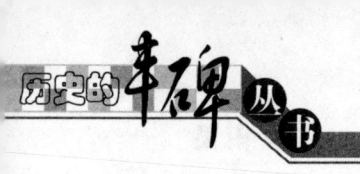

法国浪漫主义文学大师 **雨果**

这幅漫画中,雨果被像是拿破仑三世的小人物用缆绳钉在地上。流亡的他手中拿着一本书,书上貌似有着"自由"和"光明"的字样,就像《惩罚集》中的一句诗:"是光明这位巨人,是自由这位天使!"

压迫者的残忍、虚伪,但却遭到嘲笑、挖苦。绝望的关伯仑最终随蒂娅自杀身亡。《笑面人》虽然浪漫色彩极浓,但却仍然贯穿着雨果一贯的思想和艺术追求,这就是战斗的民主精神,热切地为被社会遗弃的人们请命,呼唤正义和爱。作为艺术大师的雨果与作为政治家的雨果同样成熟起来,在社会生活的各个层面散发着灼人的光辉和巨大的影响力、感染力。

对那些来信请求他帮助的人们,雨果总是毫不犹豫地伸出自己的手,并把这看作是莫大的信任。1868年,由于雨果的声援和辩护,克里特起义战士弗鲁朗士没有坐牢并安全脱险;6名爱尔兰芬尼党人被免除死刑。1869年9月14日,雨果出席了在洛桑举行的和平大会并担任主席。在发言中,他热切地希望:"建立一个全大陆的大共和国,一个欧洲合众国。"

就在这一年,法国的民主风潮再呈燎原之势,拿破仑三世的统治已岌岌可危,时局正逐渐发生变化。为了保持自己的地位,巩固现存的统治制度,1869年秋,路易·波拿巴再一次宣布对流亡的政治犯大赦。雨果毫不客气地借用《克伦威尔》剧中的一句台词来回敬皇帝:"你们欢欣吧!我将降恩给你们。可是,暴君,你有什么权利?"他决心抵制到底。他告诉朋友们:"如果还剩下一个人——我发誓那就是我。"

1870年7月14日,为纪念攻陷巴士底监狱,雨果在盖纳西岛上他的花园里种下了一棵小橡树。他幻想着:"100年后这棵橡树长大了,到那时欧

← 拿破仑三世像

洲已经没有君王、没有主教、没有战争，它将成为一个统一的共和国。"他坚信："未来属于两种人：思考的人和劳动的人……这两种人实际上是一个整体，因为思考就等于劳动"。然而，此时的欧洲，还看不到任何和平的迹象。法国国内的不满情绪日益明显，游行示威罢工不断，政府对人民的统治也更加残酷。雨果的长子沙尔因发表反对军国主义的文章而被判处3个月监禁，再度进了监狱。7月19日，为争夺西班牙空缺的王位，法国向普鲁士宣战，普法战争硝烟燃起，然而无能的统帅和昏庸的帝王使法国军队一败涂地。丢尽了脸面。9月1日法国元帅麦克马洪率8万多士兵奉命在色当投降。消息传到巴黎，人民群情激愤。9月4日，巴黎市民示威游行，同日拿破仑第三帝国灭亡，法兰西共和国成立。资产阶级共和派担任了临时政府的首领，法国爱国主义热潮已经掀起。

　　密切关注时局变化的雨果感到，他所期盼了近20年的时刻终于来到了。于是，他收拾好行装，带着漂泊19年的仆仆风尘，带着沉甸甸的3箱手稿，带着对故土的殷殷深情，踏上了开往巴黎的火车，奔向他魂牵梦绕的祖国热土，这一天，是1870年9月5日。

思考与战斗的晚年

> 只有在集体中,个性才能得到高度的觉醒和完善。
>
> ——巴比塞

当雨果用颤抖的手接过一张通往祖国的火车票时,他的心情是极端复杂的。能在帝国灭亡的日子里回归祖国,无疑令人高兴。然而,此时的祖国天空,仍被战争的阴云笼罩,战胜的敌国士兵正准备跨过法国的边境线。自己所期待的和平、自由在哪里?雨果的心中也满是困惑。

雨果明显地老了,他虽然依旧腰直肩宽、步履矫健,但满头的白发、满脸的皱纹却向人们倾诉着饱经沧桑的生活轨迹。在布鲁塞尔人们热情的珍重声中,雨果和朱丽特告别了流亡岁月,扑向祖国的怀抱。列车进入法国境内后,他们又品尝到了法国的梨、葡萄酒和面包,朱丽特小心地将面包屑包起来留做纪念。作为相知多年的朋友和伴侣,朱丽特最能理解雨果这份赤子之情。

法国浪漫主义文学大师 雨果

在巴黎火车站，挤满了熙熙攘攘的人群，人们自发地来欢迎这位伟大作家和自由战士的归来。雨果在车站大楼的阳台上发表了激动人心的讲话。表达了他对巴黎、对祖国的热爱和赤诚。他表示："我要尽保卫巴黎、捍卫巴黎的责任……"接着，雨果等乘车在人群中穿行了两个多小时，来到他在巴黎的新住所弗罗绍大街。60多万人民的欢迎，两个多小时沉浸在爱的海洋中，雨果感到"可以抵偿我20年流亡的痛苦"。人民没有忘记这位忠诚的儿子。

从第二天开始，不断有作家、部长、记者来到弗罗绍大街，拜访这位传奇式的英雄人物。当时任临时

这是一幅雨果流亡归来后，他人为其绘制的漫画，画中的他叉着双手，下定决心，为和平和民主斗争到底。

文学艺术家卷 083

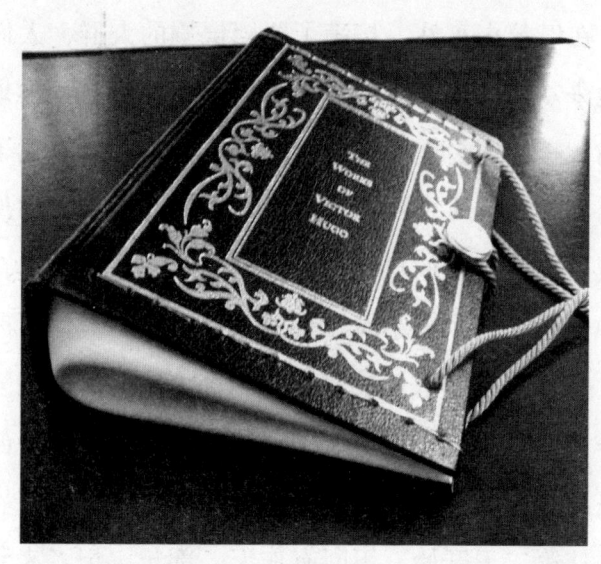

←当年雨果使用过的装书的手提包

政府内政部长的青年律师列翁·甘必大希望雨果到政府任职。雨果谢绝了对方的好意。同时，他愿意尽自己的一切努力报效祖国。他写了一份告德国官兵书，发表在报纸上，希望通过语言的力量制止屠杀，并使德国人相信：他们要毁灭巴黎的打算是一种犯罪。况且，巴黎是毁灭不了的。现实展现在他眼前的却仍是战争、流血。每当看到一队队的士兵唱着《马赛曲》开赴前线时，他的心便无比悲愤。他好几次要求与士兵们一起奔赴子弹呼啸的战场，以普通的国民卫队成员的身份去战斗，为市民做榜样。朋友们好不容易才劝住了这位老作家，说他通过讲话对整个事业做出的贡献比战死沙场要大得多。

法国浪漫主义文学大师 **雨果**

雨果虽然未能亲身拿起武器走向战场,但他却用手中的笔鼓舞起法国人民的战斗意志,他的《告法国人民书》回荡在祖国城市、乡村,几十万城市居民、农民、青年甚至老人拿起了武器,抵抗外来侵略、保卫祖国、保卫巴黎。他们组成的志愿军、游击队活跃在敌军前进的道路上,给敌人以狠狠的打击。1870年10月20日,雨果在被围困的巴黎出版了他的诗集《惩罚集》的新版本。每到晚上,巴黎各个剧院和着隆隆的炮声在朗诵着他的诗和剧本,雨果把稿费和剧院的收入全部捐献给战斗的巴黎,用来制造大炮。人们分别用"惩罚"和"维克多·雨果"来命名两尊大炮,可见,雨果和他的诗歌的影响力。

尽管人民英勇抵抗,但政府对抵抗斗争的组织却很差,有的将军投降,有的政府官员

这幅漫画中的雨果的头部像太阳一样放出光芒,另一半沉浸在波涛之中,使人想起《海上劳工》的主人公在小说结束时即将让波涛淹没自己。

私下准备与敌人言和,巴黎与全国断绝了联系,存粮告罄。敌人不断地占领法国的城市和乡村,许多人丧失了家园,流离失所,巴黎城已危在旦夕。10月30日夜间,巴黎爆发了起义,国民卫队在左派共和党的领导下占领了市政厅,扣押了政府首脑特罗修。但由于共和党革命派和温和派在政府首脑人选问题上争论不休,没有有效地巩固政权。一批军人乘机释放了特罗修。卖国政府立即调集军队和警察卷土重来。起义成果仅仅维持了一天,便告失败,一大批起义组织者被投进了监狱,其中有雨果曾营救过的弗鲁朗士等。

这一年冬天的巴黎,充满寒冷与饥饿。气温降到了零下20度。篱笆、桌椅都被人们用作了燃料,烧火取暖。没有食物,连猫和狗都被人们吃光了,老鼠也成了食品。动物园的动物没有东西喂,只好一只只地杀掉。雨果和大儿子沙尔一家住在罗甘饭店,饥寒交迫之中,幸亏有动物园主任经常送来的熊肉或羚羊腿,帮助他们维持生计,每天雨果都亲自主持家庭用餐,把仅有的一点点食物分给大家,他还写一些内容诙谐的诗句读给大家听,始终保持着乐观的情绪,他说"因为我和人民一起共同承担苦难"。

1871年1月下旬,法国外交部长儒勒·法弗前往凡尔赛与德国宰相俾斯麦进行停战谈判,法国政府接

法国浪漫主义文学大师　**雨果**

→雕塑大师罗丹塑造的雨果像

文学艺术家卷

受了德方提出的全部停战条件。并于1月28日签订了停战协定。接着，雨果作为新当选的巴黎代表携带全家前往波尔多参加国民议会。由于国民议会的主动权操纵在右派分子的手中，左派共和党势单力孤，只占少数席位，因而尽管雨果等左派坚决主张抵抗，但响应的人寥寥无几。最终国民议会批准了停战协定，答应向德国赔款50亿法郎，割让阿尔萨斯和洛林；选举梯也尔为政府首脑。3月3日，"停战协定"签订之后，普鲁士军队撤出巴黎。政府宣布凡尔赛和巴黎特别戒严，梯也尔妄图以逮捕、流放等手段消灭巴黎市民的革命精神。雨果悲哀地认识到，靠国民议会是解决不了任何问题的，它只是个光耍嘴皮子的机构，是聋子的耳朵——摆设。雨果决定辞职，他在给朋友的信中说："国民议会和整个城市都乱哄哄的。"

沙尔辞死后，有人作了这幅漫画，寓意着雨果无限伤心，看到自"自己枝叶脱落"。

法国浪漫主义文学大师　**雨果**

　　就在雨果决定离开波尔多,返回巴黎的那天,正值中年的沙尔突发脑溢血去逝。3月18日,老年丧子的雨果把儿子的灵柩运回巴黎,安葬在拉雪兹神甫公墓。悲痛几乎压垮了他,使他甚至没有留意蒙马特区传来的枪声。葬礼以后,雨果便回到布鲁塞尔,料理儿子的各种后事,安排家务。而这一天,正是著名的"巴黎公社"起义的日子。

　　3月18日拂晓,为反抗梯也尔政府的压迫,工人们和国民卫队在蒙马特地区揭竿而起,很快便席卷了整个巴黎,傍晚,起义者控制了巴黎,将红旗插到了市政厅的上空。政府军、政府官员们逃往凡尔赛。

　　饱经战乱和围困之苦的巴黎终于迎来了明媚的阳光和欢欣的笑脸。人们兴高采烈,相互拥抱,庆祝无产阶级的胜利。3月26日,巴黎举行了公社委员会选

→ 3月18日当天的巴黎街头

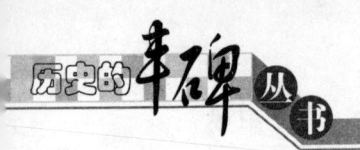

举。由工人、职业革命家、知识分子组成的新的机构掌握了巴黎的政权，人民武装代替了常备军和警察。公社反对战争、反对军国主义。公社还着手制定新的法律，减轻工人的劳动负担，允许妇女参与国家大事。一些国家和民族的先进人士也参加了公社委员会。

←血腥镇压巴黎公社起义的梯也尔

然而，公社的领导者们却忘记了，真正的和平有时需要以战争来换取。对敌人的无原则宽容，无疑等于束手待毙。公社没有对逃往凡尔赛的敌人乘胜追击，没有及时武装自己的军队，甚至没有很好地与全国迅速联系，致使敌人有了喘息的机会，并最终导致公社的惨败。

梯也尔迅速建立并武装了麦克马洪指挥的军队，炮弹飞向平静的巴黎街区，在缺乏训练有素的军队、与外界失去联系、物质匮乏的险恶环境中，公社社员进行了英勇悲壮的抵抗。由于一个防区出现了叛徒，敌人于5月21日进入巴黎。在军队的步步紧逼之下，

法国浪漫主义文学大师 **雨果**

巴黎拉雪兹神甫公墓里纪念公社烈士的铭牌

在枪林弹雨之中,许多男人、妇女、儿童倒在血泊里。公社社员的防区一点点在缩小。火光熊熊的巴黎城在经历了一个星期的残酷厮杀之后,平静下来。5月28日,巴黎公社起义失败。墙角下到处是尸体,伤员们被枪托活活打死,被俘的社员不经审判就被杀害。外国政府对此冷眼旁观,他们对公社社员的失败毫无怜悯之心,他们封锁边界,拒绝帮助公社社员,并把他们又推回了梯也尔政府的枪口之下。

羁留在布鲁塞尔的雨果并不真正清楚这场斗争的性质,他仅仅是从报纸上片面地了解到当时的情形的,而那些报道,也多半带着各自的政治偏见。雨果对梯也尔的政府早已不抱任何希望,但同时对公社也并不信任，他只是对内战、流血充满厌倦和不满。但雨果并没有完全置身事外、袖手旁观。1871年5月27日，他在比利时《独立报》上发表一封公开信，让公社社员到他家避难。他在信中写道："我没有和他们站在一起，但我可以接受公社的原则，尽管我不赞同公社领袖的做法……""如果有人到我家逮捕逃亡的公社社员，那就让他们逮捕我；如果把他送交法国当局，那我就跟他一起去。我将和他一起坐在被告席上，让人们看到：在这些为捍卫权利而斗争的人士中间，和被凡尔赛国民议会战胜的公社社员坐在一起的是一个曾被波拿巴放逐的共和主义者。"

就在信发表后的当天深夜，雨果在布鲁塞尔的寓所遭到了一伙歹徒有组织的袭击，这次袭击事件的带头人是一个大臣的儿子。他们谎称是公社的领导人，趁雨果一家不备，用石块击碎了窗户和镜子上的玻璃，砸毁了房子里所有的东西，好几次想冲进

法国浪漫主义文学大师 **雨果**

→雨果在卢森堡的曾经住所

屋子,他们边扔石块,边叫喊着"打死他"。雨果的孙子孙女吓得哭个不停,一家人在惊恐不安中度过了可怕的两个小时。天快亮了,这伙歹徒才不得不趁着夜色溜走。比利时政府不仅不肯对这起袭击事件作出任何调查和解释,而且还下令将雨果驱逐出境。

雨果不愿意也不能返回巴黎去面对梯也尔之流的丑恶嘴脸,于是,他选择了中立国卢森堡,带领朱丽特、两个孙子还有妻妹阿莉莎来到了卢森堡的一个小镇维安登,继续进行斗争和创作。在这绿草如茵、鸟语花香、风景如画的安宁小镇,一向惜时如金、勤奋不倦的雨果却无法平静地创作、生活。他所深爱的故乡巴黎,每天都笼罩在枪杀、逮捕、暴行的阴影下。不久,一位叫玛丽·梅西埃的巴黎公社社员遗孀来到

维安登，她已无家可归，雨果收留了她。玛丽向他讲述了自己的所见所闻和亲身经历的一切，巴黎的战火硝烟和血泪创伤令雨果的心为之颤栗。他把对进行惩罚的呼唤，对宽容的吁求融注笔端，凝聚成诗句，并将这些散发着火药味儿、渗透着悲切之情的诗结集为《凶年集》，使这些诗变成1871年的法国诗体编年史，让后来者从中窥视出历史的本来面目。

法国浪漫主义文学大师 **雨果**

为正义和光明而歌

> 真理是时间的产物,而不是权威的产物。
> ——培根

在维安登期间,雨果到提翁维尔作了一次短暂的旅行,为他创作的反映法国第一次大革命的小说《九三年》进行实地考察、积累素材。提翁维尔是雨果的父亲曾经守卫过的要塞,许多老住户还记得那位英勇善战的要塞司令,他们争先恐后地向雨果讲述父亲的故事,雨果沿着父亲的足迹,漫步在密林中,想象当时发生在这些沼泽地、丛林上的厮杀与战斗,心中升腾起一股英雄主义的壮烈感情。在经历了1871年的灾难打击之后,雨果感到:写1793年的斗争,就是参加活着的人们的斗争,参加1871年的斗争;再现革命巨人的形象,就是和那些镇压公社、企图扼杀共和国的凶恶侏儒们进行斗争。

1871年10月1日,雨果一家悄悄回到巴黎,巴黎的大街上遍染鲜血,监牢里人满为患,政客们、御用文人们无休止地对他施以攻击、谩骂甚至恫吓威胁，波拿巴主义者公开扬言，他们如果再掌权，第一批处死的人中就有雨果。而另一方面，身处险境的公社社员及其亲属们，不断地给他来信，请求他的援助，面对这些痛苦的求助，雨果不断地公开发表讲话、书信，要求实行大赦。这些工作耗去了他大量的时间和精力，使他无法静下心来实施自己的创作计划。

雨果开始怀念盖纳西岛安静的书房。城市的骚动与烦恼，政界的尔虞我诈，亲人们的相继离去，使雨果越发感觉时光的短暂，岁月的无情，他必须抓紧时间，写出更多更好的作品来。于是，1872年8月初，雨果一家再度前往盖纳西岛的崖城别墅。大海依旧喧嚣博大，海鸥依然那样自由地鸣叫飞翔，两年前种下的小橡树却已经长高了许多。每天，雨果黎明即起，连续在书桌旁写上几个小时，然后沿着海岸长时间地漫步或到岛的中心区走走看看，朱丽特极认真

← 描绘雨果的漫画

法国浪漫主义文学大师　**雨果**

地誊抄雨果写下的每一个字，照顾雨果的生活，日子过得安宁而紧张。

《九三年》以1793年的大革命为背景，塑造了一大批栩栩如生的艺术形象，真实地展示了在社会大变革中人物的思想发展轨迹和命运。侯爵朗特纳克原是布列塔尼森林吐尔格城堡的世袭主人，大革命发生后，他潜回领地，唆使士兵叛乱，几乎在一夜之间打死了一支共和军的全部战士，并扣押了3个孩子做人质。他狂暴而残忍，但孩子母亲的哀号却使他动了恻隐之心，使他冒着坐牢杀头的危险扑进火光冲天的城堡，救出了孩子，自己也被共和军俘获。共和军司令戈万出身贵族，后来成了一个狂热的共和主义者。戈万是朗特纳克的侄孙，又是一位共和军政委西穆尔登的学生。他奉命率领军队平定叛乱，获得了胜利，逮捕了侯爵。但他的内心却充满了矛盾。自己的使命是处死敌人，而

漫画家将这幅画命名为"砸碎锁链的老人"，意为雨果虽然年事已高，但为自由拼搏的精力依然充沛。

> **相关链接**
> XIANGGUAN LIANJIE
>
> 《九三年》是雨果最后一部小说。小说的两个对立人物，革命派戈万和保皇派朗特纳克侯爵是雨果的又一善恶对比。戈万在捕获朗特纳克侯爵之后，因念朗特纳克侯爵救了三个孩子，竟不惜把自己送上断头台，而放走了敌人头子。这种安排，虽是雨果内心矛盾的折射，但也最能体现雨果的慈悲为怀，对纯洁良心的信仰。

人性原则却使他感动于侯爵救孩子的举动，最终释放了敌人，把自己推向了死亡。临刑前，戈万的心中仍在描绘着一个明朗宽容的乌托邦国家的理想图画，他的追求与现实的冲突，在某种程度上折射了雨果内心的困惑与矛盾。

1873年夏天，这部凝聚他无限心血与希望的作品画上了句号。但却没有给他带来快慰和满足，不久，他的次子弗朗索瓦病故，雨果又失去了一位亲人和得力助手。他把太多的创伤埋在心底，写下了《我的儿子》。他要让自己回到从前，回到往事之中，让人们重睹儿子的丰采，让孩子们永远活在世人的心中。他说：

法国浪漫主义文学大师　**雨果**

"我就像一片被多次砍伐的树林,但是树上的新枝却越来越粗壮,半个世纪来,我的诗文记载了我的思想……"同时,他继续在创作和政治斗争的两个战场上作战,为弱者请命,为和平奔走呼吁。他在给日内瓦世界和平大会的书面发言稿中强调"太阳升起的地方才会有白昼,权利得到恢复的地方才会有和平"。为了争取和平,他愿意付出任何努力和代价。

1876年1月,克里希大街雨果的家里热闹非凡,人们纷纷祝贺这位深孚众望的老作家当选为参议员,而在雨果看来,参议员的职位可以为他实现发表自己的主张提供一点儿方便,他肩上的担子沉甸甸的。3月22日,雨果出席了在凡尔赛举行的参议院会议,他在讲话中谈到了人民的痛苦,谈到了被流放者丢下的生活无依无靠的家庭,要

求对公社社员实行彻底而全面的大赦,不要附带任何条件和限制。雨果激情洋溢的发言并没有唤起大多数议员们的良知,他的提案被否决。

1877年,时任法国总统的麦克马洪企图依靠军队的支持,重登帝王宝座,攫取政权。共和派和君主派之间的斗争日趋激烈,政府危机日甚一日。雨果看到了法国正面临的反动政变的危险,他及时出版了《一件罪行的始末》提醒人们注意,这部书在挫败帝制阴谋中发挥了应有的作用。

1878年5月30日,巴黎召开了纪念伏尔泰逝世100周年大会。雨果在大会上发表了长篇演说。他以19世纪的名义高度赞扬了18世纪这个启蒙主义的世纪,把它称为伏尔泰的世纪。他称颂伏尔泰是向旧世界发动空前规模的斗争的人物。雨果认为18世纪末发生的法国大革命,是一场"极其美好壮丽的巨变,它宣告了过去时代的终结并开辟了未来","对伏尔泰周围那一大批思想家来说,革命是他们的灵魂,革命是他们发出的灿烂光芒"。雨果号召人们:"让我们宣传绝对真理,把战争搞臭……"

已经76岁高龄的老作家雨果依然勤奋、充满热情,每天的生活都被写作、出版、演讲、参观、接待宾客、应酬等填得满满的。他依然保留着年轻时的爱

法国浪漫主义文学大师　雨果

1878年一份英文报纸摘录了雨果的《一件罪行的始末》

好，经常乘坐租用的马车周游巴黎，或者在人群中散步，这不仅成了他生活的一个重要组成部分，都市生活的纷繁变化，也不断地为他提供创作的素材，丰富了他的创作内容，使他能够时刻捕捉生活的脉搏。他既欣喜地看着左拉等一代新作家成长起来，同时也怀着无限的感伤送别一位位同时代的作家朋友，孤独时常袭上他的心头。1876年，在参加完著名女作家乔治·桑的葬礼后，这种孤独感越发强烈。

←晚年的雨果

19世纪70年代的法国，文学流派繁多，理论主张不一，彼此间争论激烈。雨果不赞成所谓"纯艺术"脱离生活的主张，对躲进"象牙之塔"的创作理论不以为然。但雨果不愿意，也没有时间和精力参与这些纸上谈兵式的争论，他仍然忠实地实践着自己确定的褒美扬善的创作原则。他认为，文学永远是"人类理

法国浪漫主义文学大师　**雨果**

智向着进步顶峰行进的一支队伍"。在1878年6月巴黎举行的国际文学家代表大会上，雨果继续阐述了这一思想。他说："光明！永远要有光明！处处要有光明！光明人人都需要，书中就有光明，请把书打开吧，让它发光、让它活动"。在这篇讲话的结尾，雨果再次呼吁法国对"巴黎公社"社员实行大赦，他说："不实行大赦就不会有全民的欢乐！"

1878年6月底，由于劳累过度，雨果患了脑溢血，不得不卧床休息。一个星期后，在朱丽特的陪同下，雨果再次返回盖纳西岛的崖城别墅，盖纳西岛的海滩、

这是漫画家在雨果1878年最后一次去盖纳西岛生活时创作的，漫画表达了雄狮雨果的安静的力量，不顾他人对自己的攻击，而是和太阳朝夕相处。

鲜花及安宁和谐的家庭天伦之乐，帮助雨果逐渐恢复了健康。虽然头脑有时昏沉沉的，耳朵也有点儿聋了，但却可以领着孙儿们散步、看报、写信、接待客人了。他的心中仍然对创作、对和平事业、对自己追求的社会理想，怀

←雨果大街124号，雨果晚年的住处。

着一份虔诚的爱和割舍不下的情感。他仍然希望能为这些贡献自己的一切。

3个月后，雨果返回巴黎，参加参议院和法兰西学院院士的投票选举，以阻止巴黎大主教进入参议院，阻止与反动政府站在一起的文艺理论家泰纳成为院士。

雨果的助手波尔·麦利思为他在巴黎的艾洛大街购买了一幢很气派的房子，回到巴黎后，雨果就在这幢房子里写作、思考，继续为正义与和平而奋斗，度过了他一生最后的时光。

1879年，他的新诗集《百弦齐奏》出版。诗人旺

法国浪漫主义文学大师　**雨果**

1881年5月,《精神四风集》出版,漫画中的大头雨果并无嘲讽意味,而是突显其"最深沉的思想家"的地位。

盛的精力和精湛的创作技巧使读者们大为叹服。而实际上,这部诗集中的绝大部分作品都是雨果从前的旧作。

这一年,麦克马洪辞职,新总统儒勒·格莱维是一位温和的共和主义者,他非常崇拜雨果。雨果和他的朋友们也对未来抱着很大的希望。1880年7月3日,雨果最后一次在参议院发表讲话,讲到的仍是仁慈和正义的问题,他提议为纪念巴士底狱攻陷纪念日而大赦巴黎公社社员,这一次,大赦的提案获得了通过。为了争取大赦巴黎公社社员,雨果奔走呼吁了将近10年的时间,才终于等到了这一天。

永远的光荣

> 谁能以深刻的内容充实每个瞬间,谁就是在无限地延长自己的生命。
>
> ——库尔兹

1881年2月下旬的一天,巴黎仿佛过节般的热闹,到处洋溢着喜气洋洋的气氛。为应祝伟大作家、杰出的自由斗士雨果80寿辰,巴黎举行了隆重的庆祝活动。这一天,小学生们放假,普通中学和寄宿学校不处罚学生。从中午开始,一望无际的庆祝队伍从艾洛大街雨果的家门口走过。他们高喊着"维克多·雨果万岁"的口号,表达人民对他的尊敬和爱戴。其中有巴黎市民,有法国各地的代表,也有世界各国的使者。

在雨果房门口粉红和浅蓝两色装饰的墙角旁,人们摆上了一株象征荣誉的金黄色的月桂。满头白发的雨果身着一件朴素的黑上衣,没戴帽子,两只手分别搂着自己的孙子、孙女,在敞开的窗口旁整整站了6个小时,他时常高高地扬起手臂,向欢呼的人群致意。他沉浸在人民热爱的巨浪之中,被幸福包围着,忘记

法国浪漫主义文学大师　**雨果**

了疲劳,忘记了时间……

　　从少年时代起,雨果就立志用手中的笔去抨击黑暗、赞美光明,反对暴力和邪恶,维护和平与正义,为此,他饱经打击、备受磨难,承受了许多常人难以想象的痛苦和压力,当他80岁的时候,当依然健在的

→巴黎雨果大街一景

　　1881年2月28日,在雨果80岁诞辰的第三天,巴黎的这条大街命名为雨果大街。

他被爱的浪潮所包围的时候，他的心该是多么自豪和欣慰呀！60多万人组成的浩浩荡荡的祝寿队伍，汇成一股温暖而澎湃的感情之流，缓缓地淌过雨果的心中，给他留下对真善美的永久的追忆。这位"悲惨世界"人们的朋友，为正义、为和平自由而战的战士，收获了人世间最宝贵的财富和荣誉：崇敬与热爱！

1882年3月，雨果发表文章，呼吁世界各国关注和干预俄国20位民意党人案的审理和判决，从而使这一案件获得了重新审理，9人被免除死刑。

1883年5月，与雨果真诚相爱50年，一生艰辛，为雨果的生活和事业呕心沥血的朱丽特患胃癌病逝。雨果家的红色沙龙里虽然跟从前一样有许多客人，依旧热闹非凡，但雨果却经常心不在焉，他变得忧郁而寡言，亲人们的相继离去，使他觉得自己"再没有欢乐的日子"。

1885年5月18日，这位伟大的作家因肺部出血、心力衰竭而进入了弥留状态。巴黎市民怀着焦虑不安的心情期待着奇迹的出现，真诚地祈祷他战胜死亡，报纸天天刊登他的病情公告，他忠实的助手麦利思和瓦凯里寸步不离地守护在他的身边，倾听和记录他说的每一句话、每一个字。4天后，即5月22日，雨果终于耗尽了最后的精力，走完了他83年的人生历程，永

法国浪漫主义文学大师　雨果

远地闭上了眼睛。他留下的最后一句话是:"我看到一道黑光。"这一天,法国宣布全国致哀。

雨果的父母都不太在意宗教礼仪,他也是一生痛恨僧侣,反对宗教仪式。在遗嘱中,他说:"我把10万法郎给穷人。我希望用运送穷人的灵车把我送到墓地。我不要任何教会为我举行安灵祈祷仪式,只请普天众生为我祈祷……"。

雨果的一生,与19世纪的欧洲历史紧紧地联系在一起,他出生的时候,拿破仑正在欧洲作战,并最终摘取了王冠。他的父亲在拿破仑的部队中东征西讨,他的摇篮曾沐浴过第一次法国大革命的余辉。在80多个寒暑春秋里,他与他多难的祖国一同经历了无数次的血雨腥风,帝制、君主立宪、共和主义等等,伴随他的成长与成熟。他的笔、他的眼睛和心灵,始终在关注着下层人民的生活和苦难,并以人民的生活作为自己的创作源泉。他歌颂下层人民中的智慧、善良与伟大，歌颂人性中的真善美，坚贞不屈地同反动势力的残酷作斗争，因而，在生前，他就得到了人民无限的崇敬与爱戴，正如法国历史学家阿兰·德科所说："任何作家的光荣都不能同雨果的光荣相比。"的确，想象一下那60多万人夹道欢迎的场面，那60多万人欢呼着走过他窗前的动人情景，还有那一首首诗，一部部小说、戏剧，我们就会感受到这份光荣的分量！

5月31日，巴黎凯旋门旁边的明星广场上搭起了一个黑色的灵台，仪仗队环绕在灵台周围，数不清的人群通宵守护在广场上。

6月1日清晨，葬礼仪式在炮声中开始。按照雨果

← 1885年，临终前的雨果

法国浪漫主义文学大师　**雨果**

生前的意愿，运送灵柩的是穷人用的灵车，灵柩上安放着两个白玫瑰花圈，没有神甫参加葬礼。前来送葬的人数超过了200万，人们伴着哀乐喊着"维克多·雨果万岁"的口号，把这位伟大的作家和英勇的战士送到了名人公墓……

雨果永远地留在了他热爱的巴黎、挚爱的人民身边了。正如罗曼·罗兰所说："……老雨果的名字已经和共和国这个名字融合在一起了……只有他获得了永远活在法兰西人民心中的这一荣誉"。

雨果虽然逝世了，他的作品却一直受到人们的喜爱。人民并没有忘记这位法兰西忠诚的儿子，读者更不会忘记这位作家那一部部闪耀着思想光芒和艺术魅力的作品。法国继续出版了他生前的作品，他的诗集、

→ 雨果的葬礼

成千上万的民众自发出行上街，为这位文学巨匠送行。

←雨果墓

杂文和短文集、笔记、日记、画等等，都在向人们展示着他的盖世才华，同时，也诉说着他几十年的勤奋与拚搏，他的不向恶势力妥协、坚信信念的人格力量。他的作品使19世纪的法国乃至世界散发出青春的气息，并对当时和后来世纪的人们的思想和艺术追求产生了深刻的影响，为有志于文学的人们树立了崇高的

法国浪漫主义文学大师　**雨果**

典范。

纵观雨果的一生，我们能够感觉到，无论是作为一个人、一个思想家还是作为一个诗人、作家，雨果的生命历程都是极为丰富的，充满了传奇色彩和个性魅力。作为一个人、一个思想家，他走过了从佩戴波旁王朝的百合花纹章、领取文艺年俸的贵族文人，到高举共和国三色旗，甚至接近无产阶级等不平坦的道路，其中的每一次转变，都包含着巨大的痛苦和脱胎换骨的磨难，是深沉的理性思维的结果，而没有盲目的随波逐流。作为一位杰出的作家和诗人，在他的笔端流出对时代波澜壮阔巨变的热忱关注和对人民的斗

→ 先贤祠

雨果死后法国举国志哀，他被安葬在聚集法国名人纪念牌的"先贤祠"。

争、生活的深切的同情，人类的美好理想，像一条红线，贯穿在他的创作中，成了他作品的突出主题。优美如诗如画的语言和寓含其中的思想光芒，使他成为世界文坛一座高高的里程碑。即使在100多年后的今天，在世界各地，不同语言、不同肤色的人们中间，维克多·雨果的名字仍是荣誉与不朽的象征。"巴黎圣母院"的钟声，"九三年"的战火硝烟，"海上劳工"的英勇与智慧，仍在引导着人民为人类的和平与正义事业去战斗和呐喊！

这是伟大文学的胜利，更是伟大人格的魅力！

法国浪漫主义文学大师　**雨果**

相关链接
XIANGGUAN LIANJIE

生平大事记

1802年　2月26日生于法国东部的贝桑松。

1819年　同浪漫诗人维尼等人共同创办《文学保守者》。于期刊发表第一首诗。

1822年　编成第一本诗集《颂歌及其他》。与阿黛尔在圣苏比士大教堂结婚。

1825年　被授予荣誉勋章,参加查理十世的加冕典礼。

1827年　发表韵文剧本《克伦威尔》和著名浪漫主义宣言,成为浪漫主义运动领袖。

1831年　完成浪漫主义文学杰作、长篇小说《巴黎圣母院》。

1841年　被选入法兰西学院,公开表示拥护君主立宪制度。

1843年　剧本《城堡里的伯爵》失败及女儿列奥波尔季娜意外死亡,停止新作,转向政治舞台。

1845年　晋身贵族,被封为雨果伯爵。

文学艺术家卷　115

1848年　创办《大事纪报》。

1850年　被捕入狱，雨果化名兰文逃离巴黎。

1851年　路易·波拿巴发动政变宣布帝制，雨果被迫流亡国外。

1853年　充满讽刺政治意味的诗集——《惩罚集》出版。

1862年　出版不朽的名著、长篇社会小说《悲惨世界》。

1868年　雨果夫人阿戴尔去世。

1870年　第三共和政府成立，结束19年的流亡生活，回到巴黎。

1871年　当选国民大会代表。

1876年　雨果当选参议员。

1883年　完成《世纪的传奇》第三卷。

1885年　5月22日，病逝巴黎。